Bedeutung und Implementierung von Green Controlling in niederösterreichischen Gemeinden auf Basis ökologischer Nachhaltigkeit

Bernhard Ebner, MBA
Langenzersdorf, 26. Jänner 2017

Vorwort und Danksagung

Die Entscheidung über Green Controlling in NÖ Gemeinden zu schreiben, erfüllt mich mit Freude, da in der weiteren Forschung mein Gefühl für die Wichtigkeit dieses Themas unterstrichen wurde.

Mein Dank gilt Ass.-Prof. i.R. Dkfm. Dr. Albin Krczal und Dr. Anton Zeiner, die ihre Zeit und Anstrengung investierten, um den von mir gewählten Themenbereich zu begleiten und durch die wertschätzende Form der Unterstützung die folgenden Ausarbeitungen mit Motivation erfüllt haben.

Eine weitere Danksagung darf ich an Univ.-Prof. Dr. Roman Brandtweiner und Mag. Dr. Willibald Gföhler, MBA richten, die durch ihr intensives Feedback ebenso einen wertschätzenden und motivierenden Einfluss auf die Arbeit haben.

Abschließend auch aber auch ein großes Dankeschön an die NÖ Gemeinden, die durch eine sehr gute Rücklaufquote für ein spannendes Ergebnis im Teil der Erhebung sorgten.

Bernhard Ebner

Langenzersdorf, 26. Jänner 2017

Abbildungsverzeichnis

Abbildung 1: Konzeptioneller Bezugsrahmen der Arbeit 4

Abbildung 2: Metapher des Nachhaltigkeitstrichters 6

Abbildung 3: Klassischer und ökonomischer Triple-Bottom-Line-Ansatz 7

Abbildung 4: Die Ausweitung des Blicks auf die (System-)Entscheidungen im Vorfeld der Beschaffung vergrößert den Raum für innovative nachhaltige Lösungen 9

Abbildung 5: Die wichtigsten Ziele und Regeln von Nachhaltigkeit 10

Abbildung 6: Arbeitsschritte Nachhaltigkeits-Vorplanung 11

Abbildung 7: Strategische Einsortierung und ökologisch nachhaltige Strategien 13

Abbildung 8: Abgrenzung Management und Controlling 18

Abbildung 9: Ökologieorientierte Aufgaben und Informationsbedarfe der Unternehmensakteure 22

Abbildung 10: Auswahl der richtigen Kennzahlen 24

Abbildung 11: Beispiel für einen Bericht über die Einreichung strategischer Umweltziele 24

Abbildung 12: Umweltindikatoren gemäß Mannheimer Institut für Umfragen, Methoden und Analysen 26

Abbildung 13: Sustainability Balanced Score Card 29

Abbildung 14: Kennzahlen einer Sustainability Balanced Score Card 30

Abbildung 15: EFQM Excellence Modell 2013 31

Abbildung 16: EFQM – Ausprägung Grundprinzipien 33

Abbildung 17: SBSC der ÖBf AG – Dreidimensionale Erfolgsmessung 34

Abbildung 18: Auszug Sustainability Value Report 2015 BMW Group 35

Abbildung 19: Ökologische Kennzahlen der OeNB 36

Abbildung 20: Kennzahlen Bayer AG – Standard Ansicht 37

Abbildung 21: Kennzahlen der Bayer AG – Indexierte Ansicht 37

Tabellenverzeichnis

Tabelle 1: Feldbericht ... 46

Tabelle 2: Teilnehmende Personen nach Funktion ... 47

Tabelle 3: Teilnehmende Personen nach Alter ... 47

Tabelle 4: Teilnehmende Personen nach Geschlecht ... 48

Tabelle 5: Anzahlt der EinwohnerInnen in der Gemeinde ... 48

Tabelle 6: Fläche der Gemeinde ... 49

Tabelle 7: Ordentlicher Gemeindehaushalt ... 50

Tabelle 8: Außerordentlicher Gemeindehaushalt ... 50

Tabelle 9: Aktuelle Bedeutung ökologischer Nachhaltigkeit ... 51

Tabelle 10: Zukünftige Bedeutung ökologischer Nachhaltigkeit ... 52

Tabelle 11: Wirkung ökologischer Nachhaltigkeit ... 52

Tabelle 12: Wichtige Begriffe ökologischer Nachhaltigkeit ... 53

Tabelle 13: Investition in ökologische Nachhaltigkeit ... 54

Tabelle 14: Zusammenarbeit mit Partnern ... 54

Tabelle 15: Personelle Verantwortung für ökologische Nachhaltigkeit ... 55

Tabelle 16: Entscheidende Gremien betreffend ökologische Nachhaltigkeit ... 56

Tabelle 17: Personen die ökologische Nachhaltigkeit beeinflussen ... 57

Tabelle 18: Ökologische Nachhaltigkeit als Thema in der Bevölkerung ... 57

Tabelle 19: Bekanntheitsgrad Green Controlling ... 58

Tabelle 20: Beobachtung ökologischer Maßnahmen anhand von Green Controlling ... 59

Tabelle 21: Bekanntheitsgrad der Strategietypen ... 59

Tabelle 22: Einreihung in den Strategietypen ... 60

Tabelle 23: Bekanntheitsgrad der Instrumente des Green Controllings ... 61

Tabelle 24: Anwendung der Instrumente des Green Controllings ... 62

Tabelle 25: Implementierung des Green Controllings in die Gemeinde ... 62

Tabelle 26: Herausforderungen bei der Implementierung von Green Controlling ... 63

Tabelle 27: Unterstützung bei der Implementierung ... 64

Abkürzungsverzeichnis

AG	Aktiengesellschaft
BSC	Balanced Score Card
B-VG	Bundes-Verfassungsgesetz
CO_2	Kohlenstoffdioxid
EFQM	European Foundation for Quality Management
eNu	Energie- und Umweltagentur Niederösterreich
ICG	International Group of Controlling
ICV	Internationaler Controller Verein
ÖBf AG	Österreichische Bundesforste AG
OeNB	Österreichische Nationalbank
SBSC	Sustainability Balanced Score Card
USchG	Umweltschutzgesetz

Inhaltsverzeichnis

Eidesstattliche Erklärung

Titelblatt

Vorwort und Danksagung II
Abbildungsverzeichnis III
Tabellenverzeichnis IV
Abkürzungsverzeichnis V
Inhaltsverzeichnis VI
Executive Summery IX
Abstract XI

1. Einleitung 1
1.1 Problemstellung 2
1.2 Ziele und Nichtziele 2
1.3 Forschungsfrage 3
1.4 Aufbau der Forschungsarbeit 4
2. Theoretischer Hintergrund 5
2.1 Beschreibung der ökologischen Nachhaltigkeit 5
2.2 Bedeutung der ökologischen Nachhaltigkeit 9
2.3 Ökologisch nachhaltige Strategien 11
2.3.1 Intensität der Umsetzung 12
2.3.2 Schwerpunkte der Umsetzung 16
2.4 Inhalte des Green Controllings 17
2.4.1 Überleitung vom klassischen Controlling hin zu nachhaltigem Controlling 17
2.4.2 Wirkungsbereich des Green Controllers 20
2.5 Instrumente des Green Controllings 21
2.5.1 Kennzahlen eines ökologischen Controllings 22
2.5.1.1 Objektivität der Kennzahlen 24
2.5.1.2 Indikatoren als Ergänzung zu den Kennzahlen 25

2.5.2 Szenarioanalyse 26

2.5.3 ABC-Analyse 27

2.5.4 Sustainability Balanced Score Card 28

2.5.5 EFQM Sustainability Excellence 30

2.5.6 Reflexion der Instrumente des Green Controllings 33

2.6 Praxisbeispiele Green Controlling..34

2.6.1 SBSC der Österreichischen Bundesforste AG (ÖBf AG)....................................34

2.6.2 SBSC am Beispiel von BMW 35

2.6.3 Ökologische Kennzahlen in der Österreichischen Nationalbank (OeNB) 36

2.6.4 Darstellung ökologischer Kennzahlen der Bayer AG 37

2.6.5 Umweltkennzahlen PUMA 38

2.6.6 Reflexion der Praxisbeispiele 40

3. Methodik und Vorgangsweise 40

3.1 Diskussion und Kritik der Vorgehensweise der Erhebung 41

3.2 Beschreibung Entscheidung für die Methode 41

3.2.1 Art, Gliederung und Aufbau der Befragung 42

3.2.2 Forschungsdesign 43

3.2.3 Auswahl der Untersuchungseinheit 43

3.2.4 Pretest 43

3.2.5 Datenerfassung 43

3.2.6 Datenanalyse 44

3.2.4 Verwendete Materialien 44

4. Daten 44

4.1 Ergebnis Pretest 44

4.2 Erfahrungen, Problemstellungen und Problemlösungen in der Datenerhebung 45

5. Analyse 45

5.1 Überblick zur Analyse 46

5.2 Charakterisierung der Studienteilnehmer anhand demographischer Daten 46

5.3 Darstellung der Studienergebnisse 50

5.3.1 Darstellung der Studienergebnisse zum Themenbereich Nachhaltigkeit 51

5.3.2 Darstellung der Studienergebnisse zum Themenbereich Green Controlling 58

5.3.3 Ergebnisse der offenen Fragestellung zur abschließenden Frage 27 65

6. Diskussion und Schlussfolgerung 67

6.1 Interpretation der Studienergebnisse 67

6.2 Erkenntnisse der Forschungsarbeit 70

Literaturverzeichnis 71

Anhang 1: Begleitmails 1

A1.1 Erste Aussendung 1

A1.2 Erinnerung 1

A1.3 Letze Erinnerung 2

Anhang 2: Fragebogen 3

Executive Summery

Der hohe Ressourcenverbrauch und die laufende Belastung der Umwelt durch Emissionen und Schadstoffe führen zu globalen Umweltproblemen, die ihre Spuren z.B. auf Grund von Artensterben oder fehlender Luftqualität bereits tief in unseren Lebensraum ziehen. Durch die noch intensiver erwartete Auswirkung auf folgende Generationen ist nicht nur der Ruf, sondern auch die dringliche Notwendigkeit für die Erzielung von Nachhaltigkeit gegeben.

Da verstärkt durch öffentlichen Druck und die bewusste Entscheidung von KundInnen, nachhaltig zu investieren wächst, hält in Unternehmen der Weg zur ökologischen, ökonomischen und sozialen Nachhaltigkeit immer mehr Einzug. So entstehen auch in den Gemeinden Niederösterreichs die Herausforderungen, dieser Entwicklung in Bereichen wie Ressourcenverbrauch, Abfall oder Luftverschmutzung aktiv entgegen zu wirken. Dies geschieht auch in Form von motivierten Bekenntnissen zu Nachhaltigkeitsprogrammen, die in eigenen Organisationsstrukturen, wie z.B. in der NÖ Energie- und Umweltagentur, aufbereitet und auch beworben werden. Nur: werden die Themen und Themenfelder auch ausreichend beobachtet, gelenkt und gesteuert? Die Beantwortung dieser Frage liegt in der Erforschung der Beobachtungs- und Steuerungsmechanismen über die angesprochenen Programme und soll ein Bild davon geben, ob der Vorsatz auch durch Umsetzung in der Praxis gelebt wird.

Das Schlagwort bzw. die literarische Strategie dazu werden in einem nachhaltigen Controlling gesucht. Es ist die Weiterentwicklung des Controllings im klassischen Sinn, erweitert um die Grundsätze eines ganzheitlichen Daseins im Zusammenhang mit drei Dimensionen, bestehend aus Ökonomie, Ökologie und Sozialem. Dieser ökonomische Triple-Bottom-Line-Ansatz in Verbindung mit einem strukturierten und strategisch angelegten Monitoring lässt sich als „Green Controlling" bezeichnen bzw. zusammenfassen.

Green Controlling wird in diesem Kontext auch für die NÖ Gemeindeebene von Bedeutung, da die Verantwortungsträger mit der Frage nach dem Ergebnis sämtlicher Maßnahmen konfrontiert werden. Es ist es noch relativ einfach, eine Parole auszugeben und CO_2 einsparen zu wollen. Wesentlich schwerer wird da schon die Beantwortung der Frage, wie sich eine Einsparung zahlenmäßig, also sowohl auf Emissionen, als auch auf wirtschaftliche Zahlen auswirkt.

Die Problemstellung ergibt sich durch die komplexen Herausforderungen in der Implementierung von Green Controlling in Unternehmen und so auch in Gemeinden. Obwohl diese Implementierung oft als öffentliches und herausragendes Ziel gesetzt ist, sehen viele ControllerInnen nicht ihre Aufgabe in der Auseinandersetzung mit der Integration ökologischer Sachverhalte.

Auf die niederösterreichischen Gemeinden umgelegt, bedeutet dies, dass der Wille zur ökologischen Nachhaltigkeit in verschiedensten Formen und Ebenen gegeben ist, jedoch die Aufzeichnungen beziehungsweise Beobachtungen in Form eines Green Controllings in den Finanzabteilungen der Gemeindeämter und Stadtmagistrate zu hinterfragen sind. Vor allem auch im Interesse jener, die die Nachhaltigkeitsprogramme entwickelt haben und die Wichtigkeit der Umsetzung bis in die kommunale Ebene erkannt haben.

Der theoretische Hintergrund wird mit einer Beschreibung von ökologischer Nachhaltigkeit beginnen. Darauf folgt eine Auseinandersetzung mit der Bedeutung der selben übergehend in die Ausführungen zu ökologisch nachhaltigen Strategien. Auf diesem Wissen aufbauend, beginnt das Eintauchen in die Inhalte und die für die Gemeindeebene relevanten Instrumente des Green Controllings. Die Recherche wird schlussendlich mit Beispielen aus der Praxis abgerundet. Da der Großteil der vorhandenen Literatur unternehmensbezogen ausgeführt ist, soll in der Erarbeitung der Theorie, dort wo es möglich ist, stets der vergleichende Blick auf die Gemeinden geworfen werden. Nach der Erfassung der Erkenntnisse aus der Literatur- bzw. Quellenrecherche soll weiter eine empirische, quantitative Erhebung von Primärdaten in den niederösterreichischen Gemeinden in Form eines digitalen Fragebogens stattfinden.

Das angestrebte Ziel ist die Erforschung der Kenntnis und Bedeutung von Green Controlling in den Gemeinden Niederösterreichs. Im Detail wird erarbeitet, welche Gemeinden Green Controlling anwenden, wie Green Controlling angewendet wird und welche politischen Hierarchieebenen Green Controlling in Niederösterreich vorantreiben. Der Fokus der Erhebung liegt auf dem Bereich der niederösterreichischen Gemeinden bzw. Stadtgemeinden, d.h. im öffentlichen Bereich. Unternehmen, Vereine, Organisationen u.s.w. werden nicht gesondert beobachtet. Die gesamte Aufbereitung soll einen Beitrag zum Verständnis für den Themenbereich Nachhaltigkeitscontrolling in Form eines Überblickes der vorhandenen Erkenntnisse bringen.

Abstract

Die Arbeit beschäftigt sich mit der Problemstellung, die sich durch die komplexen Herausforderungen in der Implementierung von Green Controlling in Unternehmen und so auch in niederösterreichische Gemeinden ergeben. Die Forschungsfrage geht darauf ein, welche Bedeutung Green Controlling in den Gemeinden hat, wer es anwendet, wie es angewendet wird und wer die politischen TreiberInnen sind. Ziel der empirischen Arbeit ist es, die Forschungsfrage und die Subfragen zu beantworten. Die Erhebung erfolgte mittels digitalem Fragebogen an alle Gemeinden NÖ. Das Ergebnis der Befragung zeigt, dass ökologische Nachhaltigkeit in Niederösterreich einen wichtigen Stellenwert einnimmt. Fast ein Fünftel der Kommunen arbeitet bereits mit einem Green Controlling. Die Politik sieht in der Implementierung mehrheitlich eine Chance, ökologische Nachhaltigkeit zu beobachten und zu messen. Eine weitere Erkenntnis ist, dass die NÖ Umweltorganisationen bekannt und akzeptiert sind. Diese sind neben den Gemeindepolitikern wichtige Treiber für ein flächendeckendes Nachhaltigkeitscontrolling.

1. Einleitung

Ökologische Nachhaltigkeit wird fern des eigentlichen Inhaltes des Begriffes als eine Art Popkultur der Wirtschaftswissenschaften präsentiert. Auf der einen Seite birgt dies den Vorteil, durch Aktualisierung immer wieder auf eine punktuelle Entwicklungsstellung hinzuweisen, die wiederkehrend neue Erkenntnisse und Inhalte abgibt. Die Folge davon ist andererseits eine mediale Überreizung, die die Aufmerksamkeit zu dem Thema Nachhaltigkeit sowohl bei individueller Betrachtung als auch bei öffentlichen Institutionen sinken lässt. Ein Erfahrungswert, den ich in der Funktion des Umweltgemeinderates langjährig erlebt habe, frei nach dem Motto: Nachhaltigkeit? – Ach, ich bleib da lieber flexibel (Pufé 2014: 20).

Das ist auch der Hauptgrund, warum diese Arbeit eine Auseinandersetzung im Themenbereich ökologische Nachhaltigkeit in Verbindung mit der Beobachtung einer wirtschaftlichen Lenkung und Messung sucht. Die Themenfelder in der ökologischen Nachhaltigkeitsdimension sind ähnlich vielfältig wie die globalen Umweltprobleme (z.B. Klimawandel und die steigende Umweltverschmutzung). Die grundlegende Problematik, die zu den Umweltproblemen führt, sind der hohe Ressourcenverbrauch und die hohe Belastung der Umwelt durch Emissionen und Schadstoffe (Berlin, Georg, Schulze, Stehle und Steinke 2014: 12). Dadurch leitet sich eine Problemstellung ab, die in erster Linie auf die Ressourcenknappheit und deren Auswirkung auf folgende Generationen einwirkt.

Die Grundproblematik für die Erzielung von Nachhaltigkeit besteht darin, dass aus einem hohen und stetig steigenden Ressourcenverbrauch bei gleichzeitig begrenzten Ressourcen eine zunehmende Knappheit resultiert. Gewisse Ressourcen werden zukünftigen Generationen nicht mehr oder nur noch im begrenzten Maße zur Verfügung stehen (Georg, Janke, Mack und Weber 2012: 15). In Niederösterreich wird das Thema ökologische Nachhaltigkeit speziell durch eigens geschaffene Organisationen wie die Energie- und Umweltagentur Niederösterreich vielfältig behandelt. Dabei werden Ziele, wie eine Europäische Vorzeigeregion im Bereich Energie und Klimaschutz zu sein, umfangreicher Schutz der Naturräume und hohe Umwelt- und Lebensqualität des Bundeslandes in den Vordergrund gestellt.

So entsteht auch für die Gemeinden in Niederösterreich die Herausforderung, in Bereichen wie z.B. Ressourcenverbrauch, Abfall oder Luftverschmutzung aktiv gegen zu wirken. Die in Punkt 1.2 abgeleiteten Fragestellungen beziehen sich somit klar darauf, ob die beschriebenen

Ziele und Anforderungen im Sinne eines Controllings, also in der begrifflichen Definition eines Green Controllings erfasst, gemessen und gelenkt werden.

1.1 Problemstellung

Die Problemstellung ergibt sich durch die komplexen Herausforderungen in der Implementierung von Green Controlling in Unternehmen und so auch in Gemeinden. Obwohl die Implementierung eines Green Controllings im Unternehmen wie beschrieben zu den Aufgaben eines Controllers gehört, zeigen Unternehmensuntersuchungen, dass die Bereiche Finanzen, Rechnungswesen und Controlling nur im geringen Umfang als wesentlich für die ökologisch nachhaltige Ausrichtung eines Unternehmens angesehen werden, in einigen Fällen sogar als hemmend. Dies deutet darauf hin, dass viele Controller es noch nicht als ihre Aufgabe sehen, sich mit den Themen der Integration ökologischer Sachverhalte in die Unternehmenssteuerung auseinanderzusetzen (Berlin et al. 2014: 107).

Auf die niederösterreichischen Gemeinden umgelegt, bedeutet dies, dass der Wille zur ökologischen Nachhaltigkeit in verschiedensten Formen und Ebenen gegeben ist, jedoch die Aufzeichnung beziehungsweise Beobachtung des Themas in Form eines Green Controllings zu hinterfragen ist. InteressentInnen an der Problemlösung sind vor allem die UnterstützerInnen einer nachhaltigen Politik, die in eigens eingesetzten Organisationen, wie z.B. die Niederösterreichische Energie- und Umweltagentur, den Aktionismus, sei dieser freiwillig vorgeschlagen oder auch durch Gesetz und Verordnung vorgegeben, zur ökologischen Nachhaltigkeit messen und auch vergleichbar machen wollen.

Der Nutzen liegt darin, einen Überblick über Stellenwert und Relevanz von Green Controlling in den niederösterreichischen Gemeinden in Verbindung mit der zusammenfassenden Aufbereitung der vorhandenen Literatur und einer empirischen Erhebung zu erhalten. Beginnend mit der Erfassung der Erkenntnisse aus der Literatur- bzw. Quellenrecherche soll weiter eine empirische, quantitative Erhebung von Primärdaten in den niederösterreichischen Gemeinden in Form eines Fragebogens stattfinden.

1.2 Ziele und Nichtziele

Eines der angestrebten Ziele ist somit die Erforschung der Bedeutung von Green Controlling in den Gemeinden Niederösterreichs. Im Detail wird erarbeitet, welche Gemeinden Green

Controlling anwenden, wie Green Controlling angewendet wird und welche politischen Hierarchieebenen Green Controlling in Niederösterreich vorantreiben.

Als Schlussfolgerung auf das Gesamtproblem soll in erster Linie die Themenaufbereitung zu Green Controlling einen Beitrag zum Verständnis für Nachhaltigkeitscontrolling bringen. Durch die Erkenntnis, welche Gemeinden Green Controlling anwenden, soll die grundsätzliche Situation von messbarer Umweltpolitik in NÖ dargestellt werden. Die Art und Weise, wie Green Controlling angewendet wird, soll über wichtige Themen und über die praktische Umsetzung Aufschluss geben. Die Frage nach den Antreibern und Antreiberinnen in den politischen Hierarchieebenen soll darstellen, wer Green Controlling in NÖ unterstützt und vorantreibt. Die gewonnenen Erkenntnisse der Arbeit sollen einen Überblick zu Green Controlling in NÖ bieten. Dazu wird folgend eine relevante Forschungsfrage abgeleitet.

Unter die Nichtziele fällt die Erforschung von Unternehmen. Institutionen, Organisationen und Vereine werden nur insofern berücksichtigt, als diese einen relevanten Bezug zu Green Controlling auf der Gemeindeebene haben. Durch die Eingrenzung des Forschungsbereichs auf Niederösterreich entfällt eine Beobachtung der übrigen Bundesländer, nationale und internationale Beobachtungen erfolgen auch nur in Relevanz von Green Controlling auf kommunaler Ebene in NÖ.

1.3 Forschungsfrage

Wie bereits beschrieben, ist das angestrebte Ziel die Erforschung der Bedeutung von Green Controlling in den Gemeinden Niederösterreichs. Im Detail soll darauf eingegangen werden, welche Gemeinden Green Controlling anwenden, wie Green Controlling angewendet wird und welche politischen Hierarchieebenen Green Controlling in Niederösterreich vorantreiben. Im Folgenden leiten sich daraus eine relevante Forschungsfrage und drei ebenso relevante Unterfragen ab:

Welche Bedeutung hat Green Controlling in niederösterreichischen Gemeinden?

- Welche Gemeinden in Niederösterreich wenden Green Controlling an?
- Wie wird Green Controlling in den Gemeinden angewendet?
- Welche politischen Hierarchieebenen treiben Green Controlling in Niederösterreich voran?

Die Forschungsfrage und deren Subfragen dienen nun dazu, einen roten Faden durch die ganze Arbeit zu ziehen. Sie sind die Basis der folgenden Kapitel und Punkte.

1.4 Aufbau der Forschungsarbeit

In den folgenden Kapiteln wird der theoretischer Hintergrund mit der Beschreibung und Bedeutung der ökologischen Nachhaltigkeit begonnen, unterteilt in ökologisch nachhaltige Strategien, Inhalte, Instrumente und Umsetzung in der Praxis des Green Controlling. Die Methodik erfährt eine Aufarbeitung in Diskussion und Kritik der Vorgehensweise der Erhebung, Beschreibung der Entscheidung für eine Methode, weiter Art, Gliederung und Aufbau der Befragung und gibt Auskunft über verwendete Materialien. Im Kapitel Daten werden die Erfahrung und Problemstellungen in der Datenerhebung sowie der Problemlösungen behandelt. Die darauffolgende Analyse gibt einen Überblick über die Charakterisierung der StudienteilnehmerInnen und zeigt eine Darstellung der Studienergebnisse. Diskussion und Schlussfolgerung zeigen die Interpretation der Studienergebnisse und informieren über die Erkenntnisse aus der Forschungsarbeit. Letzteres beantwortet auch die Forschungsfrage. Abgeleitet von der Forschungsfrage und dem Aufbau der Forschungsarbeit stellt die Abbildung 1 den konzeptionellen Rahmen dar.

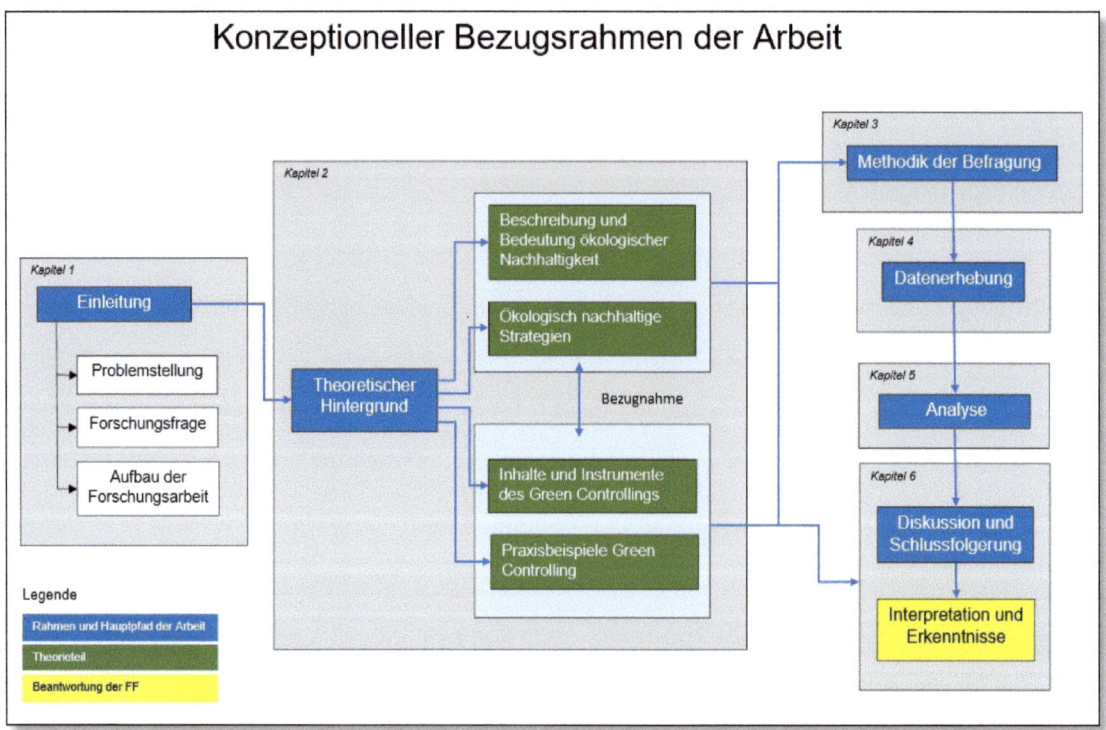

Abb. 1: Konzeptioneller Bezugsrahmen der Arbeit

2. Theoretischer Hintergrund

Das nachfolgende Kapitel über den theoretischen Hintergrund ist der Einstieg in die Arbeit. Es soll den Begriff der ökologischen Nachhaltigkeit beschreiben und deren Bedeutung darstellen. Weiter werden die Inhalte und Instrumente des Green Controllings beleuchtet. Der theoretische Hintergrund erhebt die vorhandenen Fachinformationen zur Beantwortung der Forschungsfrage.

2.1 Beschreibung der ökologischen Nachhaltigkeit

Von der Entwicklung des Begriffes der ökologischen Nachhaltigkeit bis hin zu den modernen, in Zusammenhang stehenden Formulierungen wie Green Controlling ist bereits eine nicht unwesentliche Zeitspanne vergangen. Der Begriff "Nachhaltigkeit" tauchte erstmals Anfang des 18. Jahrhunderts in der Forstwirtschaft unter der Zielsetzung auf, ökonomische Erwägungen mit dem Faktor Natur in Einklang zu bringen. Vielfach wird die Abhandlung "Sylvicultura Oeconomica" des sächsischen Oberberghauptmannes von Carlowitz aus dem Jahr 1713 als erstmalige Erwähnung genannt. [...] Es sollte pro Jahr nicht mehr Holz geschlagen werden als nachwächst. Dieses (ressourcenökonomische) Prinzip, das das ökonomische Ziel der maximalen dauerhaften Nutzung des Waldes mit den ökologischen Bedingungen des Nachwachsens kombinierte, wurde ein Vorbild für spätere Nachhaltigkeitsüberlegungen (Grunwald und Kopfmüller 2012: 18 f.).

Viele Jahre später wurde die Begriffsdefinition zur ökologischen Nachhaltigkeit, ergänzt durch ganz andere Herausforderungen wie steigende Umweltverschmutzung und ein neues Bewußtsein zu nachhaltigem Umgang mit den vorhandenen Mitteln, weiter geprägt. Eine steigende Ressourcenknappheit und der Klimawandel sind ursächlich für den Megatrend Nachhaltigkeit (Georg, Janke, Mack und Weber 2012: 9).

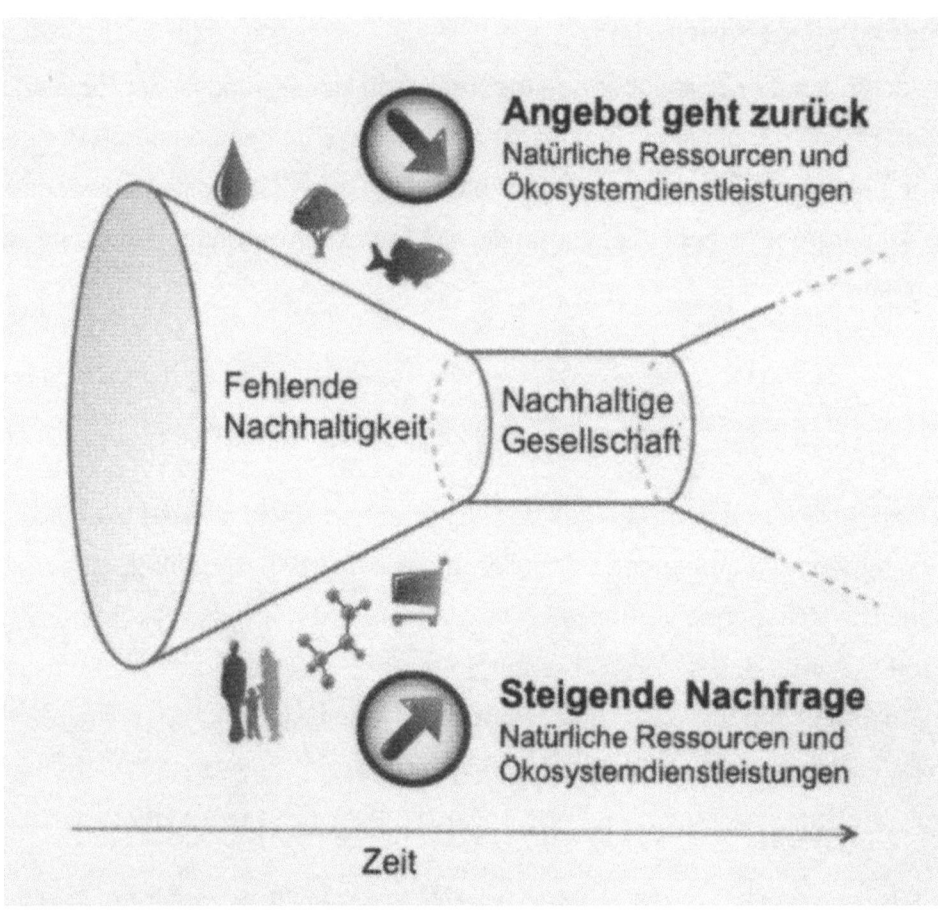

Abb. 2: Metapher des Nachhaltigkeitstrichters (Quelle: Pufé 2014: 17)

Bevölkerungswachstum und Ressourcenerschöpfung repräsentieren das obere und untere Ende des Trichters. *Die beiden* Entwicklungen befeuern sich wechselseitig. Der Spielraum, um zu handeln, schrumpft (Pufé 2014: 17). Die in Abbildung 2 angeführte Graphik verdeutlich ganz klar den guten, frühen Gedanken zum Bekenntnis des verantwortungsvollen Umganges mit Ressourcen und deren Auswirkung auf Umwelt und Umfeld.

Die wohl bekannteste Definition in Bezug auf Nachhaltigkeit ist die der Vereinten Nationen in der Weltkommission für Umwelt und Entwicklung aus dem Jahr 1987, die zu diesem Zeitpunkt von der ehemaligen norwegischen Ministerpräsidentin Gro Harlem Brundtland geleitet wurde, daher auch als Brundtland-Definition bekannt. „Eine nachhaltige Entwicklung, welche den Bedürfnissen der heutigen Generation entspricht, ohne die Möglichkeiten künftiger Generationen zu gefährden, ihre eigenen Bedürfnisse zu befriedigen". (Anmerkung: Der Begriff nachhaltige Entwicklung kann als Synonym für Nachhaltigkeit verwendet werden) (Georg et al. 2012: 14).

Dazu findet eine tiefere Auseinandersetzung auf der Ebene der Machbar- bzw. Vereinbarkeit statt, ist doch die Zusammenführung von ökologischen, damit auch sozialen Zielen, der technischen Entwicklung sowie der Gewinnorientierung in Form des Wirtschaftswachstums eine stetige Herausforderung. Es kann die Schlussfolgerung gezogen werden, dass Nachhaltigkeit und deren praktische Umsetzung gegeben sind. Als Beispiel dient die in Abbildung 3 dargestellte Umwandlung eines klassischen Triple-Bottom-Line-Ansatzes in einen ökonomisch dominierten Ansatz. Es zeigt einen Weg der Zusammenführung mit dem Ziel einer strukturierten Nachhaltigkeitsentwicklung.

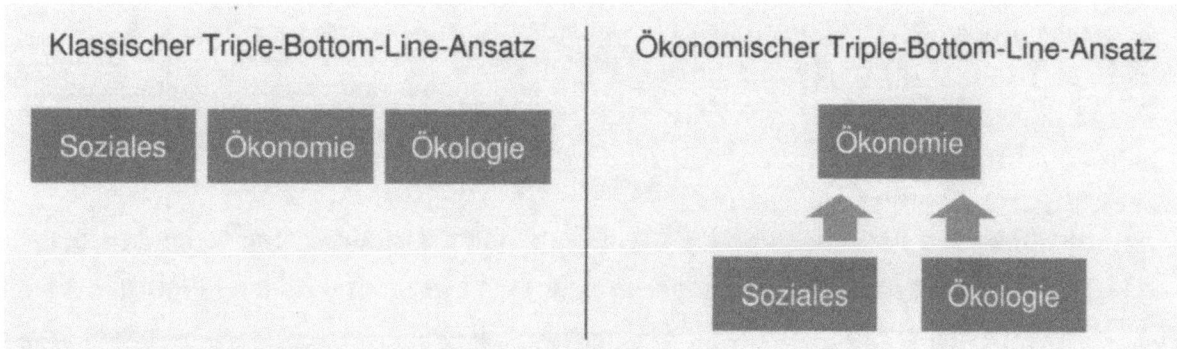

Abb. 3: Klassischer und ökonomischer Triple-Bottom-Line-Ansatz (Quelle: Georg et al. 2012: 17)

Statt der Gleichgewichtung der drei Dimensionen wird die Dimension Ökonomie als übergeordnetes System definiert, das bei allen Entscheidungen zwingend erfüllt werden muss. Daraus entsteht eine Handlungsmaxime, nach der soziale und ökologische Aspekte lediglich berücksichtig werden, wenn sie gleichzeitig einen ökonomischen Mehrwert generieren – auch bekannt als Win-win Maßnahmen (Georg et al. 2012: 17). Für Unternehmen bedeutet dies nicht nur die Suche nach Einsparungspotenzialen, sondern auch eine Imagepolitur, die zum Beispiel durch den Einsatz von Elektrofahrzeugen eine gute öffentliche Meinung erzeugen soll.

Das ist auch vermehrt im Bereich der Gemeinden Thema. Diese Win-win Maßnahmen werden auf der Ebene der Kommunen z.B. durch die Umrüstung des Fuhrparkes auf Elektromobilität erreicht. In erster Linie bringen Förderungen, Einsparungen beim Erhaltungsaufwand und Senkung der Versicherungskosten einen klaren Vorteil in der Gemeindekasse. Zusätzlich aber wird der wirtschaftliche Nutzen durch Effekte wie CO^2-Reduktion, Reduzierung des Lärm-Smog und Betankung mit Ökostrom ergänzt. Wenn dann die E-Fahrzeuge, die auch als solche gekennzeichnet sind, in der Öffentlichkeit zum Einsatz kommen, wird das Bild einer ökologisch nachhaltigen Handlungsweise abgerundet.

Erwähnenswert ist in diesem Zusammenhang der naBe, Österreichischer Aktionsplan zur nachhaltigen Beschaffung, der gerade zu oben angeführten Beispiel am 20. Juli 2010 vom damaligen Ministerrat beschlossen wurde. Ökologische Mindestanforderungen für derzeit 16 Beschaffungsgruppen geben dabei Orientierung und konkretisieren erstmals die „grundsätzliche Bedachtnahme" auf die Umwelt im § 19 Abs. 5 Bundesvergabegesetz (BVergG). Höhere Standards sind ausdrücklich erwünscht (Hiller 2010: 4). Das erstgenannte und zentrale Ziel des Aktionsplans ist, dass Produkte und Leistungen, die öffentliche AuftraggeberInnen beschaffen, einem Basisniveau an Nachhaltigkeit genügen. Dieses Basisniveau wird dann erreicht, wenn die Kernkriterien der Nachhaltigkeit angewendet werden. Diese Kernkriterien umfassen a) ökologische, b) ökonomische und c) soziale Kernkriterien. Auch wenn im Aktionsplan die Dimensionen Ökologie, Soziales und Ökonomie grundsätzlich als gleichrangig behandelt werden, wird der Umsetzung ökologischer Kernkriterien aufgrund des Handlungsdrucks, der sich aus dem Klimawandel ergibt, größte Priorität zugesprochen. Die Kernkriterien sind daher derzeit unterschiedlich weit entwickelt. Während umfassende ökologische Kernkriterien vorliegen, bestehen die ökonomischen Kernkriterien erst aus der Anforderung, die Total-Cost-of-Ownership bei der Beschaffung der Produkte zu beachten, bei denen im Produktgebrauch relevante Kosten anfallen (etwa Kraftstoffe bei Fahrzeugen). Soziale Kernkriterien werden von einer ExpertInnengruppe entwickelt (naBe - Österreichischer Aktionsplan zur nachhaltigen Beschaffung 2016).

Hürden in der nachhaltigen Beschaffung stellen die Konflikte zwischen den einzelnen Zielen dar, die durch eine Betrachtungserweiterung im Vorfeld sämtlicher nachhaltiger Beschaffungsprojekte überwunden werden können. Die folgende Abbildung stellt dar, dass bei der nachhaltigen Beschaffung an die zu beschaffenden Produkte die Anforderungen möglichst geringe Umweltbelastungen, möglichst hohe soziale Standards bei Produktion bzw. Erbringung und möglichst geringe Gesamtkosten in den Blick zu nehmen sind. Zwischen diesen Anforderungen sind Zielkonflikte möglich, etwa wenn ein Produkt zwar billig, gleichzeitig aber unter menschenunwürdigen Arbeitsbedingungen produziert wurde. Durch die Ausweitung des Blicks auf die (System-)Entscheidungen im Vorfeld wird der Raum für innovative und kreative nachhaltige Lösungen größer (naBe - Österreichischer Aktionsplan zur nachhaltigen Beschaffung 2016).

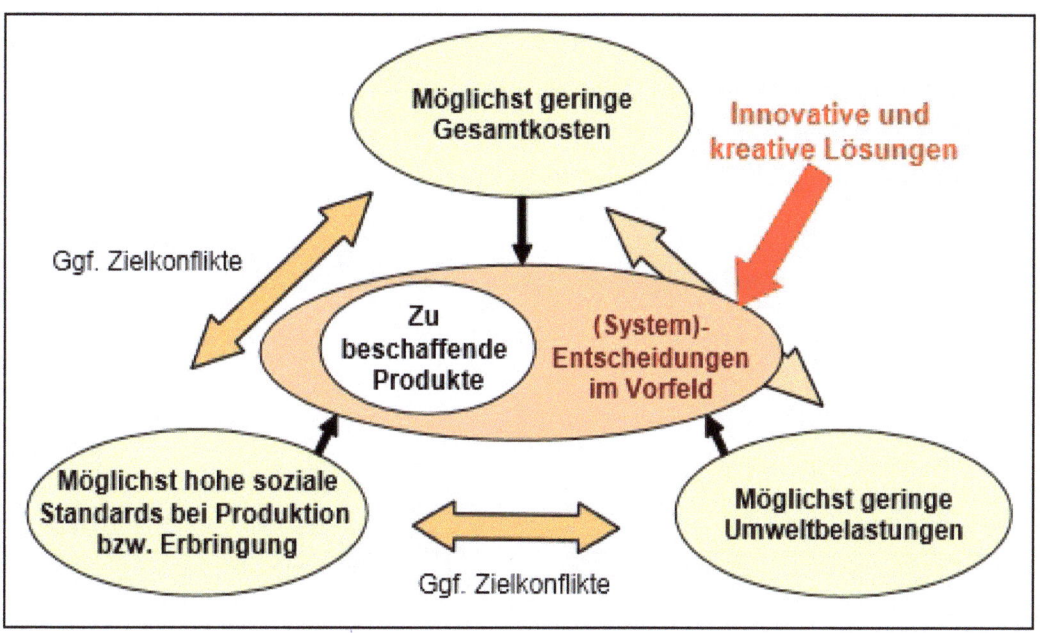

Abb. 4: Die Ausweitung des Blicks auf die (System-)Entscheidungen im Vorfeld der Beschaffung vergrößert den Raum für innovative nachhaltige Lösungen (Quelle: naBe 2016).

Kritisch betrachtet zeigen vorangegangene Ausführungen ein Potential an Zielkonflikten, die in einer Zeit mit hohem Kostenbewusstsein Punkte wie soziale Standards oder geringe Umweltbelastung eher in den Schatten stellen würden. Durch die Betrachtung im Vorfeld einer möglichen Beschaffung ist das Erreichen eines Zusammenspieles der beschriebenen Faktoren wesentlich wahrscheinlicher. Ein wichtiger Punkt dazu ist die Betrachtung der Bedeutung ökologischer Nachhaltigkeit in NÖ.

2.2 Bedeutung der ökologischen Nachhaltigkeit

Die Bedeutung der ökologischen Nachhaltigkeit lässt sich in Niederösterreich durch ein klares Statement der Niederösterreichischen Energie- und Umweltagentur beschreiben, die institutionell für alle Belange im Begriffsbereich Umweltpolitik eingesetzt ist. Ein gutes Leben führen, unser Ökosystem und die Lebensqualität auch für künftige Generationen zu erhalten, dafür gilt es, bewusst und nachhaltig zu leben. Ein nachhaltiger Lebensstil ist ein wichtiger Beitrag zum Erhalt einer lebenswerten Umwelt. So werden CO_2-Emissionen, wertvolle Rohstoffe und Ressourcen eingespart. Jeder Beitrag zählt. Viele kleine Schritte und Aktionen sind wichtig, um die CO_2-Konzentrationen zu verringern (Niederösterreichische Energie- und Umweltagentur 2016).

Besonders Augenmerk wird im Zusammenhang mit ökologischer Nachhaltigkeit auf den Themenblock Förderungen gelegt. Dazu wurde in Niederösterreich ein eigener Förderratgeber erstellt, der vor allem auf Gemeindeebene zur Unterstützung bei z.B. Anschaffungen eines neuen Elektroautos, für die thermische Sanierung der Fassade des Gemeindeamtes oder den Ausbau des Radwegenetzes alle Kontakte der relevanten Förderstellen aufzeigt. In Form und Ausführung unterstreicht der Ratgeber den Willen, Nachhaltigkeit bedeutend in den politischen Alltag einfließen zu lassen.

Nachhaltigkeit bedeutet in Niederösterreich und somit in den niederösterreichischen Gemeinden auch die Umsetzung des Niederösterreichischen Fahrplans für Nachhaltige Beschaffung. Der Fahrplan sieht ein gegenseitiges Wechselspiel der drei Dimensionen Ökologie, Ökonomie und Gesellschaft vor, eine detaillierte Begriffserklärung dieser drei Dimension liefert dazu die folgende Abbildung, die die Unterpunkte in Form von Zielen und Regeln darstellt:

ökonomisch	ökologisch	sozial
Sicherung der menschlichen Existenz	Erhaltung des gesellschaftlichen Produktivpotenzials	Bewahrung der Entwicklungs- und Handlungsmöglichkeiten
Schutz der menschlichen Gesundheit	nachhaltige Nutzung erneuerbarer Ressourcen	Chancengleichheit im Hinblick auf Bildung, Beruf, Information
Gewährleistung der Grundversorgung	nachhaltige Nutzung nicht-erneuerbarer Ressourcen	Partizipation an gesellschaftlichen Entscheidungsprozessen
selbständige Existenzsicherung	nachhaltige Nutzung der Umwelt als Senke	Erhaltung des kulturellen Erbes und der kulturellen Vielfalt
gerechte Verteilung der Umweltnutzungsmöglichkeiten	Vermeidung unvertretbarer technischer Risiken	Erhaltung der kulturellen Funktion der Natur
Ausgleich extremer Einkommens- und Vermögensunterschiede	nachhaltige Entwicklung des Sach-, Human- und Wissenskapitals	Erhaltung der sozialen Ressourcen

Abb. 5: Die wichtigsten Ziele und Regeln von Nachhaltigkeit (Quelle: Banse et al. 2001: 172)

Im angesprochenen Fahrplan wird nicht nur eine hoheitliche Verantwortung in der Beteiligung des Gemeindewesens gesehen, sondern vielmehr die Mitwirkung aller Interessensgruppen eingefordert. Die Integration einer Nachhaltigkeits-Vorplanung am Beginn einer Beschaffung gewährleistet die größtmögliche Nachhaltigkeits-Wirkung in allen drei Dimensionen. Ziel dieses Abschnittes ist es, den Bedarf der Leistung aus dem Blickwinkel der Nachhaltigkeit zu analysieren, die Verfügbarkeit am Markt zu prüfen und den Beschaffungsgegenstand durch eine Nachhaltigkeitsprüfung auf Nachhaltigkeit auszurichten (Niederösterreichischer Fahrplan Nachhaltige Beschaffung, Version 1.0, Ausgabe 2015: 16).

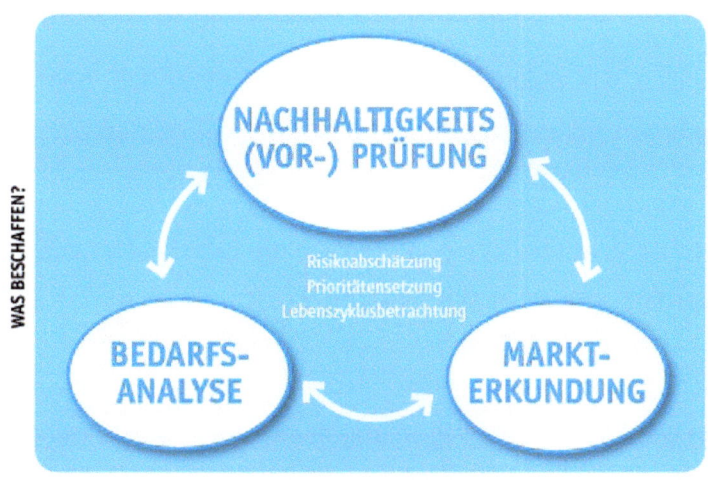

Abb. 6: Arbeitsschritte Nachhaltigkeits-Vorplanung (Quelle: Niederösterreichischer Fahrplan Nachhaltige Beschaffung, Version 1.0, Ausgabe 2015: 16)

Abschließend ist zur Bedeutung von Nachhaltigkeit in Niederösterreich ausgehend von den politischen Gremien des Landes festzustellen, dass die Bemühungen einer Bewusstseinsbildung erkennbar sind. Dieses Bewusstsein der Bedeutung ökologischer Nachhaltigkeit setzt sich bis auf die Gemeindeebene fort. Zu bemerken ist weiter, dass die Beschreibung der Bedeutung aus den verschiedensten Quellen auch schon ein Teil der Darstellung von ökologisch nachhaltigen Strategien ist.

2.3 Ökologisch nachhaltige Strategien

Ökologisch nachhaltige Strategien sind ähnlich wie Unternehmensstrategien Ausgangspunkt für den zu erwartenden Erfolg. Für die nähere Betrachtung und eine kompetente Darstellung ist eine Beschreibung von möglichen ökologisch nachhaltigen Strategien in Unternehmen notwendig, wobei bereits im folgenden Text durchaus eine Ähnlichkeit in der Projektierung auf Gemeindeebene erkannt werden kann.

In Anlehnung an den Internationalen Controller Verein (ICV) werden folgende Fragen am Beginn einer Strategieentwicklung zu stellen sein:

- Welchen Stellenwert soll das Thema Ökologie bei der Positionierung des Unternehmens im Markt einnehmen?

- Wie intensiv sollen Chancen der ökologischen nachhaltigen Ausrichtung genutzt werden und wie groß darf der Aufwand hinsichtlich zeitlicher und finanzieller Ressourcen sein?

- Welche bzw. wie viele ökologische Themenfelder (z.B. Klimawandel) sollen durch das Unternehmen adressiert werden und welche Themenfelder werden bewusst ausgespart?

- Auf welchen Wertschöpfungsstufen soll die ökologisch nachhaltige Ausrichtung umgesetzt werden? (Berlin et al. 2014: 29).

Daraus werden wiederum zwei Fragen abgeleitet, die in den folgenden Punkten aufgearbeitet sind:

Wie ökologisch nachhaltig soll das Unternehmen ausgestaltet werden (Intensität der Umsetzung)?

Wodurch soll das Unternehmen spezifisch ökologisch nachhaltig sein (Schwerpunkt der Umsetzung)? (Berlin et al. 2014: 29 und 30).

2.3.1 Intensität der Umsetzung

Eine Studie von Weber unterscheidet **vier strategische** Einsortierungen, die ein Unternehmen beim Thema Nachhaltigkeit im Markt einnehmen kann: Schlussgruppe, Mittelfeld, Spitzengruppe und Vorreiter (Georg et al. 2012: 59 und 60). Die Wahl der strategischen Position bildet die Grundlage für die Wahl der geeigneten ökologisch nachhaltigen Strategie. Dabei lassen sich die Strategien „Green Compliance", „Abwartende Strategie", „Grüne Produkte/Dienstleistungen und/oder Leistungserstellung" sowie „Ganzheitlich grüne Strategie" unterscheiden (Isensee 2011: 2).

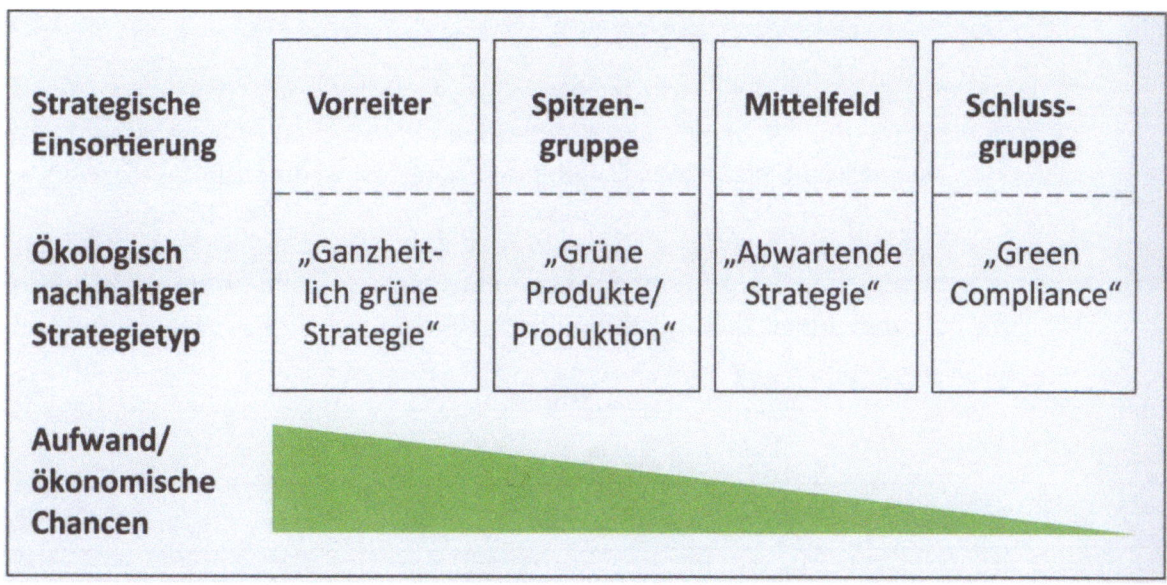

Abb. 7: Strategische Einsortierung und ökologisch nachhaltige Strategien (Quelle: In Anlehnung an Georg et al. 2012 sowie ICV, Isensee 2011)

Die Positionierungen eines Unternehmens erfolgt nun durch eine strategische Einsortierung in Verbindung mit den jeweiligen ökologisch nachhaltigen Strategietypen.

Unternehmungen der **Schlussgruppe** positionieren sich bewusst nicht als ökologisch nachhaltiges Unternehmen am Markt. Die Zielsetzung dieser Position ist der Erhalt der rechtlichen „Licence to operate" bei gleichzeitiger Minimierung des finanziellen und zeitlichen Aufwandes für das Unternehmen. Anders ausgedrückt soll die Legitimation zur Herstellung und zum Vertrieb von Produkten oder Dienstleistungen durch die Umsetzung von Regulierungsvorschriften bzgl. ökologischer Nachhaltigkeit für die Leistungserstellung und für Produkte bzw. Dienstleistungen sichergestellt werden. Unternehmen aus der Schlussgruppe orientieren sich also stark an der Gesetzgebung im Bereich der ökologischen Nachhaltigkeit. Die passende ökologisch nachhaltige Strategie „Green Compliance" zielt exakt darauf ab, die gesetzliche Mindestanforderung zu erfüllen. Intern ist dazu keine Entwicklung einer expliziten Strategie nötig. Es ist ausreichend, die gesetzlichen Anforderungen durch interne Compliance- Richtlinien zu finden (Berlin et al. 2014: 31). Die Nachhaltigkeitsaktivitäten dieser Unternehmen gehen daher nicht über die Umsetzung von Mindeststandards, das heißt Compliance- und Regulierungsvorschriften, hinaus (Georg et al. 2012: 60)

Auf die Ebene der niederösterreichischen Gemeinde umgelegt bedeutet dies in der Praxis, dass die gesetzlichen Richtlinien und Verordnungen im Bereich Nachhaltigkeit umgesetzt werden. Dies liegt im Aufgabenbereich der amtlichen, also hoheitlichen Gewalt im Sinne von Art. 118 Abs. 2 und 3 B-VG und betrifft hauptsächlich den/die Bürgermeister/in als **Behörde nach Art. 118 Abs. 3 Z 9 B-VG bzw. der NÖ Gemeindeordnung und den/die Umweltgemeinderat/Umweltgemeinderätin** als aufzeigendes, hinweisendes und kontrollierendes Organ nach § 9 NÖ USchG und der NÖ Gemeindeordnung.

Eine Einsortierung im sog. **Mittelfeld** verfolgt das Ziel, in der öffentlichen Wahrnehmung nicht negativ aufzufallen. Unternehmen dieser Gruppe versuchen, durch geringen Zusatzaufwand Risiken zu vermeiden und den Mindesterwartungen der Gesellschaft (bspw. durch Veröffentlichung eines Nachhaltigkeitsberichtes) gerecht zu werden. Sie profitieren weder von den ökonomischen Chancen, noch stehen sie als Erste am Pranger, wenn „schwarze Schafe" einer Branche in der Gesellschaft kritisch betrachtet werden. Die dahinterliegende „Abwartende Strategie" lässt sich auch als „Unsichtbarkeitsstrategie" beschreiben. Eine ökologisch nachhaltige Strategie wird dabei meist mit Zweck der öffentlichen Wahrnehmung definiert. Eine tatsächliche Umsetzung im Unternehmen wird abgewartet (Berlin et al. 2014: 32).

Die wesentliche Aufgabe bei der Wahl dieser Positionierung besteht in der Identifikation und Adressierung der Nachhaltigkeitsaspekte, bei denen das Unternehmen negativ in der Öffentlichkeit wahrgenommen werden könnte, beispielweise durch Kinderarbeit in der Lieferkette der verkauften Marken bei einem Handelsunternehmen (Georg et al. 2012: 60).

Kommunale Beispiele für die Einsortierung im Mittelfeld der ökologisch nachhaltigen Strategie lehnen sich an den Unternehmen an. Ein Nachhaltigkeitsbericht oder besser eine Erfassung möglicher Nachhaltigkeit im angeführten Sinn wird regional gefunden werden. Ein Abwarten scheint in der Problematik und im Zusammenhang mit einer oft vorhandenen Budgetknappheit realistisch. Trotzdem ist ein Mitspielen im Themenbereich gesellschaftliche Pflicht. Gemeinden sind daher im Mittelfeld zu finden. Diesen soll aber nicht der Wille zur Erreichung einer höheren Einstufung abgesprochen werden.

Die Zielsetzungen von Unternehmen der **Spitzengruppe** ist die Differenzierung am Markt bei gleichzeitigem Abschöpfen des ökonomischen Potenzials ökologischer Themen. Dies kann sowohl durch die Steigerung des Umsatzes durch umweltfreundliche Produkte oder Dienstleistungen als auch durch eine Kostenreduktion in der Leistungserstellung (Produktion) erzielt werden. Am Markt wird das Unternehmen als nachhaltig positioniert. Um dieser Ausrichtung gerecht zu werden, ist ein relativ hoher Aufwand notwendig. Dafür ist eine Strategie nötig, die die Veränderung von Prozessen bezweckt (Berlin et al. 2014: 32). Eine Positionierung in der „Spitzengruppe" erfordert kein „trend setting", sondern das schnelle Aufgreifen relevanter Nachhaltigkeitsmaßnahmen (Georg et al. 2012: 60).

Vergleicht man zu diesen Zitaten die Praxis in Niederösterreichischen Gemeinden, wird diese Gruppe am ehesten auf eine ökologisch nachhaltige Beschaffung zurückgreifen. Ein organisierter und anhand von Qualitätskriterien (z.B. Gütesiegeln) ausgerichteter Einkauf bietet unter anderem die Chance auf monetäre Einsparungen. Dazu kann man sich mit eingehender Planung einen guten Überblick über den wirklichen Bedarf verschaffen und dabei nicht nur Geld [sic] sondern auch wertvolle Ressourcen sparen (Umweltgemeindeservice NÖ 2016). Ein Anlehnen an Vorreiterkommunen ist ein üblicher Ablauf seitens der Gemeinden in dieser Gruppe, auch in Form eines unprämierten, aber **prestigeträchtigen Wettbewerbes**, um bei den regionalen MitspielerInnen trotzdem am Tisch zu bleiben. In diesem Fall wird Kopieren oder Nachahmen nicht als negativ empfunden oder gewertet, ganz im Gegenteil. Hier ist eine Solidarisierung in Form eines Schulterschlusses gewünscht und angesehen. Beispiele der flächendeckenden Nachahmung sind z.B. die Einführung der Mülltrennung, der Ankauf von umweltfreundlichen Fahrzeugen oder die Durchführung eines Autofreien Tages.

Vorreiter nutzen das volle ökonomische Potenzial der ökologischen Nachhaltigkeit. Am Markt positionieren sie sich als Trendsetter für ausgewählte ökologische Themen – teilweise sogar branchenübergreifend. Dafür bedarf es der aktiven Mitarbeit in Stakeholderinitiativen und dem Vorantreiben von freiwilligen Unternehmensverpflichtungen oder der Verschärfung von Regulierungsvorschriften. Eine „Ganzheitliche grüne Strategie" zielt darauf ab, dass sich das Unternehmen gänzlich über das Thema Nachhaltigkeit definiert (Berlin et al. 2014: 32).

Als Vorreiter im NÖ Gemeindewesen gelten nun **jene Kommunen**, die an der Nennung von Best-Practice-Projekten teilnehmen und die in einer eigens angelegten Best-Practice-Datenbank erfasst werden. Über einen Projekterhebungsraster werden Inhalte wie Projektziele, Motivationsfaktoren (Ausschlaggebende Motivation → Auslöser für die Projektumsetzung), Projektablauf – Umsetzungsschritte, Angaben bzw. Abschätzung der Kosten, Projekterfolge, Quantifizierbare Ergebnisse (z.B. ersparte kWh, nachweisbare CO_2 Einsparung in Tonnen,

BesucherInnen, erreichte Personen) und **nachhaltige** / langfristige Perspektiven erfasst, beurteilt und bei positiver Begutachtung in die Datenbank aufgenommen. Eine ganzheitliche Betrachtung der Prozesse in der Gemeinde und die Umsetzung von darauf abgestimmten Projekten führt in zahlreichen Niederösterreichischen Gemeinden zu Vorzeigeprojekten im Bereich der Gemeindeentwicklung (Umweltgemeindeservice Niederösterreich 2016).

Beispielhaft sind hier Gemeinden, die ganzheitliche Projekte im Sinne von Pionierarbeit starten, wie z.B. in Stetteldorf am Wagram, Bezirk Korneuburg, die überschüssiges Stroh aus der Getreideproduktion in eine für die Gemeinde zentrale Heizanlage einbringt. Damit war Stetteldorf für viele Projekte in NÖ Vorreiterin und auch die Beweisbringerin für die mögliche Umsetzung alternativer Wärmeerzeugung.

2.3.2 Schwerpunkte der Umsetzung

Für eine erfolgreiche Strategie ist in der Umsetzung die Definition von Schwerpunkten erforderlich. Wodurch – unabhängig von der Intensität der Umsetzung – soll das Unternehmen ökologisch nachhaltig operieren? Diese Fragestellung unterteilt sich wiederum in eine objektbezogene sowie in eine thematische Dimension. Die objektbezogene Dimension unterscheidet dabei das Marktpotenzial (Produkte/Dienstleistungen) von der Leistungserstellung. Die thematische Dimension beinhaltet die Relevanz von ökologischen Themen (z.B. Klimawandel) für ein Unternehmen (Berlin et al. 2014: 33).

Die Einteilung der Dimensionen auf der Gemeindeebene beginnt bereits in der Aufgabenverteilung auf die jeweiligen Gemeindereferate in der konstituierenden Sitzung nach der Gemeinderatswahl lt. der NÖ Gemeindeordnung. Dort kann der Gemeinderat z.B. das Thema Naturschutz an ein Referat zuteilen, sodass in der laufenden Legislaturperiode die Verantwortlichkeit abgesteckt ist. In diesen Rahmen hat nun sowohl der Gemeinderat, als auch der Gemeindevorstand und der zuständige Ausschuss das Thema sinngemäß nach der NÖ Gemeindeordnung laufend zu behandeln.

Eine objektbezogene Dimension wäre hier ganz klar die eigene Energieerzeugung z.B. für den örtlichen Kindergarten. Um die Produktion ökologisch nachhaltig sicherzustellen, werden am Gebäude des Kindergartens Solar- oder Photovoltaik-Paneele installiert, die nun nicht nur **umweltfreundlich produzieren**, sondern nach einer Amortisationszeit günstige Energie liefern.

Die thematische Dimension wird eben durch die Referatszuteilung und damit Zuständigkeit des z.B. Naturschutzes eingeleitet und weiter unterteilt. Eines dieser Teilbereiche des Naturschutzes ist z.B. die antitoxische Unkrautvernichtung auf Grünflächen der Gemeinde. Dies erfolgt operativ durch eine Heißwasserbestrahlung, vermeidet den schadstoffreichen Einsatz von Unkrautvernichtungsmitteln und somit eine Schadstoffbelastung von Boden bzw. auch Luft. Eine thematische Dimension wird es dadurch, dass durch die Gemeinde eine Vorbildwirkung entsteht und durch die mediale Begleitung als nachahmenswert dargestellt wird. Ökologisch ergibt sich der Vorteil daraus, dass Heißwasser weniger Kosten verursacht als der ständige Kauf von Unkrautvernichtungsmitteln.

2.4 Inhalte des Green Controllings

Um Green Controlling in seiner Form darstellen zu können, ist im Vorfeld eine Betrachtung des herkömmlichen, also klassischen Controllings notwendig. Aus den unzähligen Quellen, die klassisches Controlling aufarbeiten, bemühen sich die einfachen und geraden Darstellungen, um das beste Verständnis zu erwirken.

2.4.1 Überleitung vom klassischen Controlling hin zu nachhaltigem Controlling

Der Controller als Navigator = Steuermann = Lotse lässt sich sehr gut anhand einer Analogie veranschaulichen: Stellen Sie sich Ihre Organisation als Schiff oder Verkehrsflugzeug vor, dann entspricht der Rolle des Managers der Kapitän, während die Rolle des Controllers mit der Funktion des Steuermanns/Lotsen identisch ist. Der Lotse hat demzufolge das Management (= Kapitän) mit adäquaten Informationen zu versorgen, z.B. Windgeschwindigkeit, Flughöhe, u.s.w.. [sic] Dazu gehört auch, dass der Controller nach Frühindikatoren Ausschau hält, damit das Schiff unbeschadet und möglichst schnell den Zielhafen erreicht und nicht erst 50 m vor dem Eisberg eine Warnung erfolgt. Controlling ist ein Prozess, der durch Manager und Controller im Team entsteht (Müller 2011: 17).

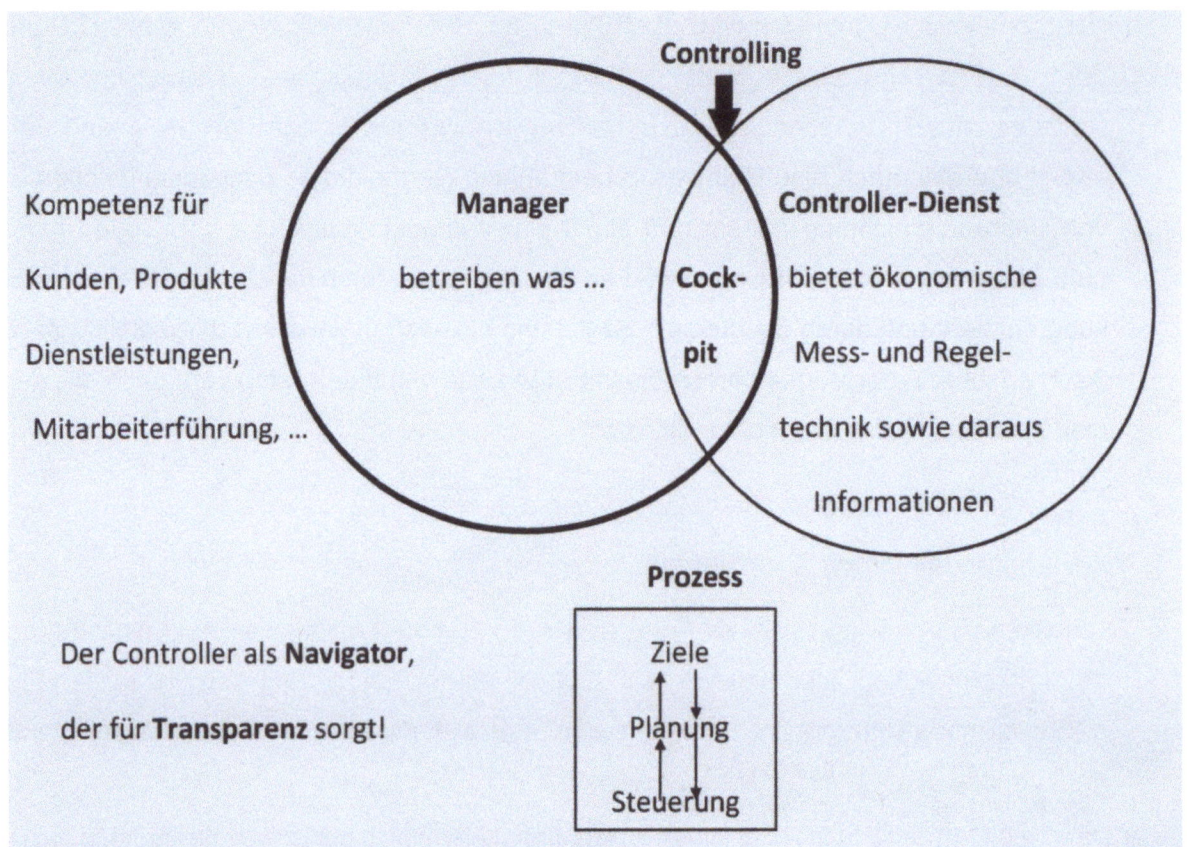

Abb. 8: Abgrenzung Management und Controlling (Quelle: Müller 2011: 17)

Die Schnittstelle der beiden Aufgabenbereiche Management bzw. Controlling ergibt das Cockpit als Darstellung der Teamarbeit beider TeilnehmerInnen. Aus dem Cockpit folgt der wichtige, gemeinschaftliche Prozess, der den Kreislauf Ziele – Planung – Steuerung konstruiert. Der/die ControllerIn übernimmt die Rolle eines Navigators/einer Navigatorin, der/die für Transparenz sorgt. Die Beschreibung des ControllerInnen-Dienstes als LieferantIn ökonomischer Mess- und Regelungstechnik und die daraus resultierenden Informationen verstärken sich bei der Kenntnis eines treffenden Vorwortes der International Group of Controlling (ICG) aus dem Jahre 1996: ControllerInnen gestalten und begleiten den Management-Prozess der Zielfindung, Planung und Steuerung und tragen damit Mitverantwortung für die Zielerreichung.

Controller...

- sorgen für Strategie-, Ergebnis-, Finanz-, Prozesstransparenz und tragen somit zu höherer Wirtschaftlichkeit bei.
- koordinieren Teilziele und Teilpläne ganzheitlich und organisieren unternehmensübergreifend das zukunftsorientierte Berichtswesen.

- moderieren und gestalten den Management-Prozess der Zielfindung, der Planung und der Steuerung so, dass jeder Entscheidungsträger zielorientiert handeln kann.
- leisten den dazu erforderlichen Service der betriebswirtschaftlichen Daten- und Informationsversorgung.
- gestalten und pflegen die Controllingsysteme (ICG 2010: VII-Vorwort).

Der Aufzählung des ICG folgend beginnt die Suche nach einer Überleitung des klassischen Controllings hin zum Green Controlling. Dazu stellt sich die Frage der Definition zwischen Erfolg und Kostenkontrolle in klassisch arbeitenden Betrieben.

Ein im klassischen Sinn arbeitendes Unternehmen stellt meist den monetären (kurzfristigen) Erfolg in den Vordergrund. Vereinfachend ergeben sich daraus für ein die Kostenführerschaft anstrebendes Unternehmen folgende Konsequenzen:

- In der Beschaffung wird für eine vom Unternehmen definierte Qualität nach dem niedrigsten Preis gesucht. Der Lieferant ist in der Regel ein (in Grenzen) beliebig austauschbarer Abhängiger.
- Die Logistik ist ein Kompromiss aus Schnelllebigkeit, Sicherheit und Preis.
- In der Produktion werden Verfahren eingesetzt, mit denen die Produktionsgemeinkosten niedrig gehalten werden.
- Verkauf und Werbung zielen darauf ab, die geplanten Mengen zu den vom Unternehmen kalkulierten Preisen abzusetzen.
- Ziel der Forschung und Entwicklung ist es, kostengünstigere Produktvarianten zu entwickeln (Colsman 2013: 51).

Ganz klar liegt hier der Fokus auf der Senkung jeglicher Kosten, ohne den Blick auf zukünftige und damit ökologisch nachhaltige Entwicklungen zu legen. Diese Punkte sind und bleiben auch bei einem Nachhaltigkeitscontrolling wichtig. Doch der Fokus verschiebt sich. Ein nachhaltigkeitsorientiertes Unternehmen stellt den langfristigen Wertzuwachs in den Vordergrund. Damit ist auch das Streben nach dauerhafter Existenz verbunden. Hat ein Unternehmen erkannt, dass dies nur möglich ist, wenn es Verantwortung für die Umwelt und die Gesellschaft übernimmt, so folgt daraus ein Controlling mit einem anderen Schwerpunkt. **Die vorhergehend** beschriebenen Konsequenzen für ein Unternehmen, das eine Kostenführerschaft anstrebt, werden somit abgeändert bzw. erweitert:

- In der Beschaffung wird für eine vom Unternehmen definierte Qualität nach einem akzeptablen Preis gesucht. Dabei ist der Lieferant in der Regel ein Partner und kein beliebig austauschbarer Abhängiger.

- Die Gestaltung der Logistik ist ein Kompromiss bei dem neben Größen wie Geschwindigkeit, Sicherheit und Preis auch Themen wie Umwelt- und Sozialverträglichkeit eine Rolle spielen.

- In der Produktion werden Verfahren eingesetzt, mit denen die Produktionsgemeinkosten niedrig gehalten werden können und die darüber hinaus umwelt- und sozialverträglich sind. Das bezieht Verfahren zur Vermeidung von Umweltauswirkungen, die über die gesetzliche Mindestanforderung hinausgehen mit ein [sic!].

- Verkauf und Werbung zielen darauf ab, den Nutzen für die Kunden transparent zu machen und den Kunden als langfristigen Partner zu betrachten.

- Ziel der Forschung und Entwicklung ist es, Produktvarianten und komplett neue Produkte zu entwickeln, die einen besseren Nutzen beim Kunden erzielen und deren Umwelt- und Sozialauswirkungen positiver sind (Colsman 2013: 51 f.).

Wird nun die Ergänzung der vorangegangenen Punkte reflektiert, erfolgt die Implementierung der ökologischen, ökonomischen und sozialen Ansätze in die Kostenbeobachtung verschiedener Bereiche eines Unternehmens. Im selben Zug definiert sich auch der Wirkungsbereich des Controllings, genau des Controllers/der Controllerin selbst, dessen/deren Aufgabenbereich um nachhaltige Ansätze gegenüber LieferantInnen, KundInnen und Umwelt erweitert wird. Somit kann eine Überleitung in das Green Controlling und den Wirkungsbereich des Green Controllers/der Green Controllerin stattfinden.

2.4.2 Wirkungsbereich des Green Controllers

Green Controlling ist abgeleitet vom Gesichtspunkt der ökologischen Nachhaltigkeit die Weiterentwicklung des klassischen Controllings, die die in vorhergehenden Kapiteln angesprochenen Problembeschreibungen in ein verantwortungsbewusstes Controlling einfließen lässt. Wie bereits angesprochen, ergibt sich daraus auch eine neue Rolle des Controllers/der Controllerin, die angelehnt an die üblichen, klassischen Rollenbilder ein Leitbild des „Green Controllers" entstehen lässt: ControllerInnen leisten als PartnerInnen des Managements einen wesentlichen Beitrag zum nachhaltigen Erfolg der Organisation in *wirtschaftlicher* und *ökologischer* Hinsicht.

Controller...

- gestalten und begleiten den Management-Prozess der Zielfindung, Planung und Steuerung *auch in der ökologischen Dimension*, sodass jeder Entscheidungsträger zielorientiert handelt *zur Erreichung ökonomischer und ökologischer Unternehmensziele im Rahmen der Nachhaltigkeit.*

- sorgen für die bewusste Beschäftigung mit der Zukunft *auch hinsichtlich der ökologischen Nachhaltigkeit des Unternehmens* und ermöglichen dadurch, Chancen wahrzunehmen und mit Risiken umzugehen.

- integrieren die Ziele und Pläne aller Beteiligten *in der ökonomischen und der ökologischen Dimension* zu einem bestimmten Ganzen.

- entwickeln und pflegen die Controllingsysteme. Sie sichern die Datenqualität und sorgen für entscheidungsrelevante Informationen *im Hinblick auf ökonomische und ökologische Zielsetzungen.*

- sind als betriebswirtschaftliches Gewissen dem Wohl der Organisation als Ganzes verpflichtet *und sorgen damit für eine wirtschaftlich effiziente Erreichung ökologischer Nachhaltigkeitsziele* (Berlin et al. 2014: 20 f.).

Zusammenfassend muss es den Controllern bei strategischer Bedeutung ökologischer Zielsetzungen durch ein „begrüntes" Unternehmenscontrolling gelingen, ökologische Herausforderungen im Unternehmen greifbar zu machen, eine Fokussierung zu ermöglichen und die strategische sowie operative Relevanz für den Unternehmenserfolg darzustellen (Isensee und Michel 2011: 20). Nach der Beschreibung des Aufgabenbereiches des Green Controllers/der Green Controllerin gilt der nächste Blick verschiedenen Instrumenten, die als Erfüllungsgehilfen im Prozesskreislauf dienen.

2.5 Instrumente des Green Controllings

Am Beginn einer erfolgreichen Umsetzung steht immer eine Unternehmensstrategie und somit auch eine Strategie im Green Controlling (siehe unter 2.3.). Die verteilten Aufgaben aus der

Strategie heraus werden durch ein strukturiertes Berichtswesen aus den einzelnen Unternehmensbereichen abgerundet und betreffen in erster Linie die Geschäftsleitung, Führungskräfte, MitarbeiterInnen und das Umweltmanagement (vgl. Abb. 9)

Abb. 9: Ökologieorientierte Aufgaben und Informationsbedarfe der Unternehmensakteure (Quelle: Berlin et al. 2014: 92 in Anlehnung an Berlin/Buscher/Pütter 2014: 40).

Daraus entsteht wiederum die Frage nach dem effizientesten Mittel der Berichterstattung.

2.5.1 Kennzahlen eines ökologischen Controllings

Wie bei allen Unternehmensberichten bietet sich der Einsatz von Kennzahlen in den Berichten an. Diese können, bezogen auf die Unternehmensprozesse, Input-, Throughput-, Output- oder Outcome-bezogen sein (ICV 2011). Es kann sich dabei um ökonomische Größen (z.B. Energiekosten in EUR) oder um kombinierte Größen (Tonnen CO_2 je EUR Umsatz) handeln (Berlin et al. 2014: 92).

Aussagekräftige ökologische Kennzahlen ergeben sich vor allem dann, wenn auf der Basis von Stoff- und Energiebilanzen stofflich-energetische Maßgrößen und Kennzahlen ermittelt werden können. Dementsprechend kann ein relativ einfach aufgebautes Kennzahlensystem zu folgenden Bereichen entwickelt werden:

- Material
- Energie

- Abfall
- Emissionen in Luft und Wasser.

Die Maßeinheiten werden hierbei aus physikalischen Größen, wie z.B. Kilogramm, abgeleitet.

Für die einzelnen Bereiche empfiehlt es sich z.B., folgende Kennzahlen zu bilden:

- Materialkennzahlen:

$$Stoffeffizienz = \frac{Stoffinput}{Produkt-/Prozessoutput}$$

wobei für Roh-, Hilfs- und Betriebsstoffe gesonderte Effizienzkennzahlen ermittelt werden können.

$$Recyclingquote = \frac{Anteil\ des\ recycelten\ Materials\ p.a.}{Gesamtmaterialverbrauch\ pro\ Jahr}$$

- Energiekennzahlen:

$$Energieträgerquote = \frac{Energieeinsatz\ (je\ Energieträger)}{Gesamtenergieeinsatz}$$

$$Energieeffizienz = \frac{Energieeinsatz\ (je\ Energieträger)}{\frac{Produkteinheiten}{Laufzeit\ der\ Masch.}}$$

- Abfallkennzahlen:

$$Abfallkategoriequote = \frac{Abfallmenge\ (je\ Kategorie)}{Gesamtabfallmenge}$$

$$Reinheitsquote = \frac{Sortenreine\ Abfallmenge\ (je\ Kategorie)}{Gesamtabfallmenge\ (je\ Kategorie)}$$

$$Erfassungsquote = \frac{Erfasste\ Abfallmenge\ (je\ Kategorie)}{Reale\ Menge\ (je\ Kategorie)}$$

Für die reale Abfallmenge kann eine verallgemeinerungsfähige Stichprobe dienen.

- Kennzahlen zu Emission zu Luft und Wasser:

Zunächst können für die einzelnen Belastungsarten Einzelquoten gebildet werden, z.B. Emissionsmenge je Outputeinheit. Für den Wasserverbrauch empfiehlt es sich eine Kategoriequote [sic] und eine Effizienzkennzahl zu bestimmen.

$$Wasserkategoriequote = \frac{Wasserinput\ (je\ Kategorie)}{Wassergesamtverbauch}$$

$$Wassereinsatzeffizienz = \frac{Wasserinput\ (je\ Kategorie\ bzw.\ gesamt)}{\frac{Produkteinheit}{Leistung\ (je\ Periode)}}$$

Für die eingesetzten Stoffe, die relevante Luftemissionen verursachen, ist ebenfalls jeweils die Einsatzeffizienz zu bestimmen. Die relevanten Kennzahlen eignen sich in erster Linie für Zeit- und Quervergleiche (Müller 2011: 59 - 61).

2.5.1.1 Objektivität der Kennzahlen

Die Objektivität, die Vollständigkeit und die Beeinflussbarkeit der Berichtsempfänger entscheiden darüber, welche Kennzahlen auf welcher Aggregationsstufe bzw. Berichtsebene berichtet werden (Simons 1995: 77). Bspw. kann der Papierverbrauch der Verwaltung eines Standortes auch nur durch die dafür zuständige Führungskraft beeinflusst werden. Dies trifft nicht auf den Papierverbrauch des gesamten Unternehmens zu (höheres Aggregationsniveau) und auch nicht auf den Abfall der Produktion (nicht beeinflussbare Kennzahl). Nur objektive, vollständige und beeinflussbare Kennzahlen sind für die Unternehmenssteuerung und das Reporting geeignet (Berlin et al. 2014: 93 f.).

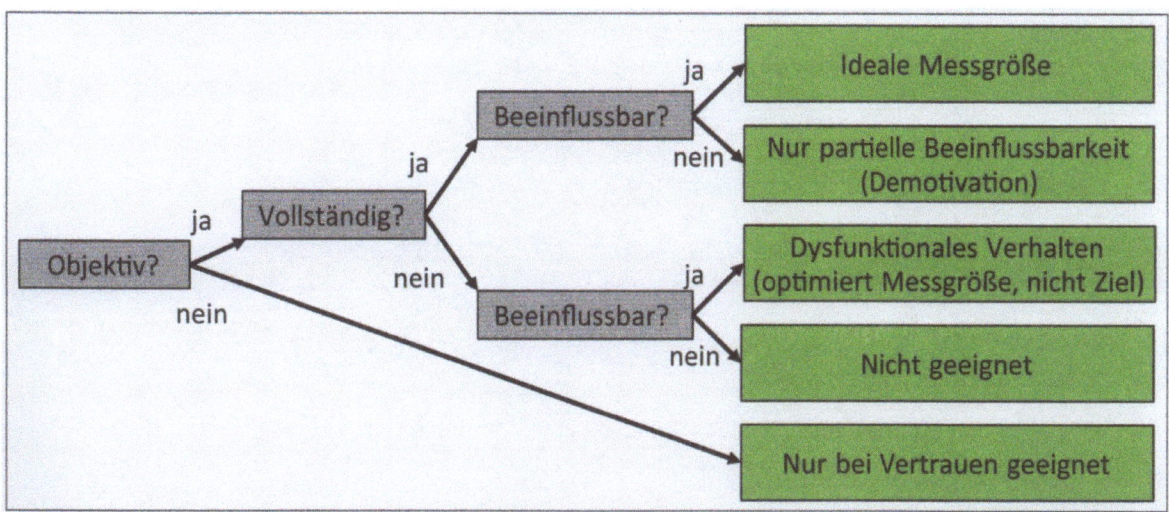

Abb. 10: Auswahl der richtigen Kennzahlen (Quelle: Berlin et al. 2014: 94)

Die Darstellung der Kennzahlen kann je nach Bedarf erfolgen. Gut geeignet dafür ist ein Ampelsystem, das Informationen auf einen Blick wiedergibt.

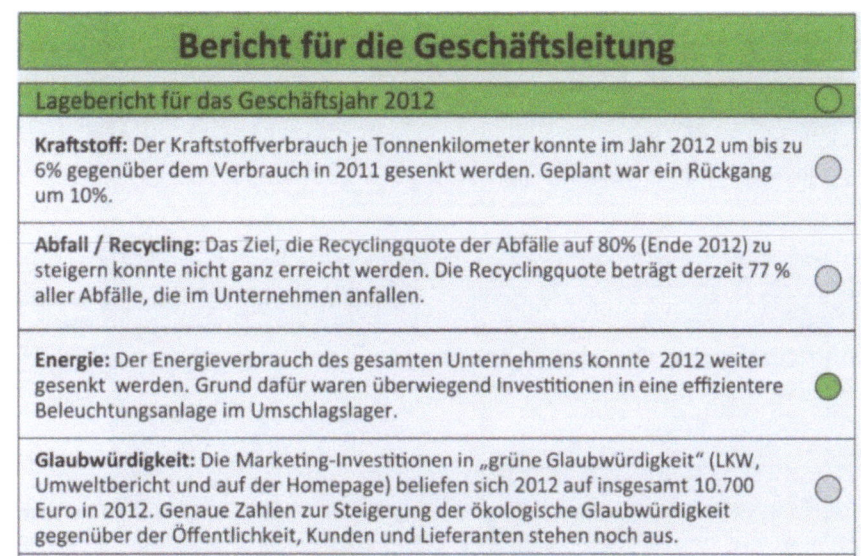

Abb. 11: Beispiel für einen Bericht über die Einreichung strategischer Umweltziele (Quelle: Auszug aus Abb. 32 Berlin et al. 2014: 96).

2.5.1.2 Indikatoren als Ergänzung zu den Kennzahlen

Während betriebliche Kennzahlensysteme sich meist logisch-deduktiv aus dem Zielbegriff der klassischen Erfolgsrechnung (Gewinn als Oberziel) ableiten, sollen mit Hilfe von Indikatoren begrifflich wenig präzisierte Zielinhalte wie Lebens- oder Umweltqualität etc. überhaupt erst operationalisiert werden. Indikatoren erweisen sich **dann als sinnvoll**, wenn mit ihnen ein Urteil über den Erfüllungsgrad eines oder mehrerer Ziele gefällt werden kann (Müller 2011: 61).

Dimension	Indikator
Versorgung mit Umweltgütern	Waldflächenanteil
	Siedlungs- und Verkehrsflächenanteil
Qualität der Umweltbedingungen	Kohlendioxid – Emissionen
	Schwefeldioxid – Emissionen
	Stickoxid – Emissionen
	Staub – Emissionen
	Anteil der geschädigten Waldfläche
Subjektive Wahrnehmung und Bewertung der Umweltbedingungen	Zufriedenheit mit dem Umweltschutz
	Besorgnis um den Schutz der Umwelt
	Klage über die Qualität des Trinkwassers
	Klage über mangelnden Zugang zu Grünflächen
	Klage über Landschaftszerstörung
	Klage über Luftbelastungen
	Besorgnis über die Luftverschmutzung
	Besorgnis über die Klimaveränderungen
	Besorgnis über die Verschmutzung von Gewässern
Umweltbeeinträchtigende Aktivitäten	Hausmüllaufkommen
	Fahrleistung im Individualverkehr
Sicherung der Umweltqualität	Menge Behälterglas – Sammlung
	Anteil der Ausgaben für Umweltschutz am BSP
	Anteil der staatlichen Ausgaben für Umweltschutz am BSP
	Flächenanteil von Naturschutzgebieten
	Sanktionierte Straftaten gegen die Umwelt

Abb. 12: Umweltindikatoren gemäß Mannheimer Institut für Umfragen, Methoden und Analysen, kurz ZUMA (Quelle: Müller 2011: 62)

Wie in der Abbildung 11 erkennbar, stellt ZUMA quantitative Umweltindikatoren, wie z.B. die Kohlenmonoxid-Emission, aber auch qualitative Indikatoren wie z.B. die Besorgnis um den Schutz der Umwelt dar. Indikatoren sind im NÖ Gemeindewesen nach den übergeordneten Gesetzgebungen, wie Umweltschutzgesetz oder Luftschutzemissionsgesetz, vorhanden. Auch Verkehrs-, Wasserqualitäts- oder Lärmpegelmessungen sind fixe Bestandteile der Qualitätserhebungen und werden mit Richtwerten begrenzt und verglichen.

Eigene Kennzahlen hingegen sind in Gemeinden aus heutiger Sicht nicht zu erkennen, wobei diese im Zeitvergleich durchaus sinnvoll erscheinen, z.B. Vorjahresvergleich Abfallmenge zu Entsorgungskosten.

2.5.2 Szenarioanalyse

Unter einem Szenario versteht man sowohl die Beschreibung einer möglichen zukünftigen Situation als auch des Pfades, der zu dieser zukünftigen Situation hinführt. Es ist nicht nur ein plausibler Weg in die Zukunft vorstellbar, sondern mehrere Wege sind denkbar und können begründet werden. Somit sind alternative Pfade in die Zukunft und damit auch alternative Zukunftsbilder zu betrachten (Geschka und Schwarz-Geschka 2012: 3).

Die Szenarioanalyse ist ein Instrument, bei dem mehrere, sich eindeutig voneinander unterscheidende Bilder der Zukunft erstellt werden. […] Die Szenarioanalyse durchläuft folgende fünf wesentliche Schritte:

1. *Problemanalyse:* Festlegung der Zielsetzung und Definition bzw. Ist-Analyse des Untersuchungsfeldes

2. *Umfeldanalyse:* Offene Beschreibung des zu untersuchenden Unternehmensumfeldes (Einflussbereiche, Ermittlung der zugehörigen Einflussfaktoren, Identifikation der Schlüsselfaktoren)

3. *Zukunftsprojektion:* Erarbeitung mehrerer, alternativer, plausibler Entwicklungen der Schlüsselfaktoren (z.B. Tendenzfaktoren, Extremszenarien)

4. *Szenariobildung:* Beschreibung von zwei bis drei schlüssigen, konsistenten Szenarien durch Bündelung der erarbeitenden Zukunftsprojektion

5. *Szenario-Transfer:* Übertragung der Szenarien auf die Entscheidungsprozesse, Untersuchung der Auswirkung der Szenarien und auf das Unternehmen, Erarbeitung von Prioritäten für strategische Entscheidungen und zur Strategieentwicklung (Colsman 2013: 64 f.)

Eine vergleichbare Anwendung der Szenarioanalyse findet man bei Gemeinden in NÖ, die Mitglied des NÖ Klimabündnisses sind, in dessen Zuge Diskussion und Ablauf ähnliche Inhalte verfolgen bzw. hervorbringen.

2.5.3 ABC-Analyse

Um Vorgänge zu analysieren und ihre Wichtigkeit festzustellen, eignet sich die ABC-Analyse besonders (Vollmuth 2001: 18). Die ABC-Analyse ist ein einfaches, qualitatives und vergleichendes Instrument zur Abgrenzung wesentlicher Aufgaben, Aktivitäten, Prozesse, Produkte, Stoffe oder Probleme. Die Klassifizierung nach Wichtigkeit basiert auf der relevanten Einordnung der Untersuchungsgegenstände in drei Klassen (A, B und C). Sie wird jeweils in Bezug auf ein bestimmtes Kriterium durchgeführt (z.B. gesellschaftliche Akzeptanz, rechtliche/politische Anforderungen, Kunden- und Lieferantenansprüche, Anteil am Umsatz, Recyclingfähigkeit, Toxizität). Folgende Klassifizierungen werden bei ABC-Analysen häufig angewendet:

A: sehr wichtig/sehr problematisch dringlicher Handlungsbedarf

B: wichtig/problematisch mittelfristiger Handlungsbedarf

C: unwichtig/unproblematisch kein Handlungsbedarf

Die Ergebnisse einer ABC-Analyse stellen direkt ablesbare Handlungsempfehlungen dar. Sie dienen dazu, die vorhandenen Ressourcen auf die wesentlichen Sachverhalte zu konzentrieren (Colsman 2013: 66).

Im Gemeindealltag findet die ABC-Analyse in der klassischen Ausschussarbeit statt. Als Beispiel dient hier gerne die niederösterreichweit im Gange befindliche Umstellung der Straßenbeleuchtung auf LED, die oben angeführte Punkte gut widerspiegelt: Wer bekommt LED zuerst? Wie wirkt die Umstellung auf die Anrainer/die Anrainer innen? Wie wird damit das Gemeindebudget belastet? Wo sind die Lichtpunkte derartig veraltet, dass ein rascher Tausch Kosten spart?

2.5.4 Sustainability Balanced Score Card

Die Sustainability Balanced Score Card (SBSC) stellt die Erweiterung der konventionellen Balanced Score Card (BSC) für das Nachhaltigkeitsmanagement dar, indem sie Umwelt- und gesellschaftliche Aspekte in die BSC integriert. Die BSC dient dazu, Unternehmensstrategien in operative Größen zu übertragen und diese umzusetzen. Mit Hilfe der SBSC wird das Umwelt- und Sozialmanagement auf die erfolgreiche Umsetzung der Strategie ausgerichtet, in das klassische Management integriert und Potenziale zwischen ökonomischen, ökologischen und gesellschaftlichen Zielen ausgeschöpft. Dies wird durch folgende Punkte gewährleistet:

- Identifizierung der erfolgsrelevanten Umwelt- und Sozialaspekte
- Beachtung der kausalen Verknüpfungen zwischen den Dimensionen
- Management aller strategisch relevanten Nachhaltigkeitsaspekte
- Zusammenführung entsprechender Kennzahlen und Maßnahmen
- Integration aller Themen zu einem Nachhaltigkeitsmanagement (Colsman 2013: 68)

Das entscheidende Merkmal einer SBSC ist, dass sie neben herkömmlichen ökologischen Nachhaltigkeitsaspekten auch die hier im Vordergrund stehenden ökologischen Nachhaltigkeitsaspekte berücksichtigt (Schaltegger und Dyllick 2002: 37). Dies bestätigt auch die weitere Ausführung von Bernhard Colsman:

Die SBSC hat zwei entscheidende Vorteile, die sie zu einem zentralen Instrument werden lässt:

1. Es wird eine wertorientierte Sicht des Nachhaltigkeitsmanagements eingenommen. Das Augenmerk liegt auf dem gleichzeitigen Erreichen ökonomischer, ökologischer und gesellschaftlicher Ziele. Um entsprechende Potenziale zu [sic] auszuschöpfen, werden die kausalen Zusammenhänge zwischen ökonomischen, ökologischen und gesellschaftlichen Zielen untersucht. So werden alle Aspekte in die Kernaufgaben integriert.

2. Ein weiterer Vorteil der SBSC ist ihre Offenheit. Ihre Anwendbarkeit beschränkt sich nicht auf eine kleine Minderheit von stark ökologischen und sozial ausgerichteten Nischenunternehmen, sondern eignet sich für alle Arten von Unternehmen und Organisationen (Colsman 2013: 69).

Abb. 13: Sustainability Balanced Score Card von Marco O´Polo GmbH (Quelle: www.haufe.de 2016)

Durch diese Offenheit in der Anwendung sind gerade Gemeinden eine Zielgruppe der Anwendung für die SBSC. Nicht nur in der eigentlichen Verwaltungsstruktur oder in politischen Gremien, in der Ausgestaltung kann die SBSC auch ohne weiteres für Arbeitsgruppen, Zukunftskonferenzen, Audits und Bürgerbeteiligungsmodelle ein durchaus gewinnbringender Leitfaden sein. Die daraus gewonnenen Erkenntnisse sind Mittel zur Förderung der ökologischen Nachhaltigkeit und im Monitoring auch bereits Teil eines Green Controllings. Weiterführend dazu wird noch ein Beispiel oder besser ein Auszug für die Erstellung der Kennzahlen, die in SBSC einfließen können, angeführt:

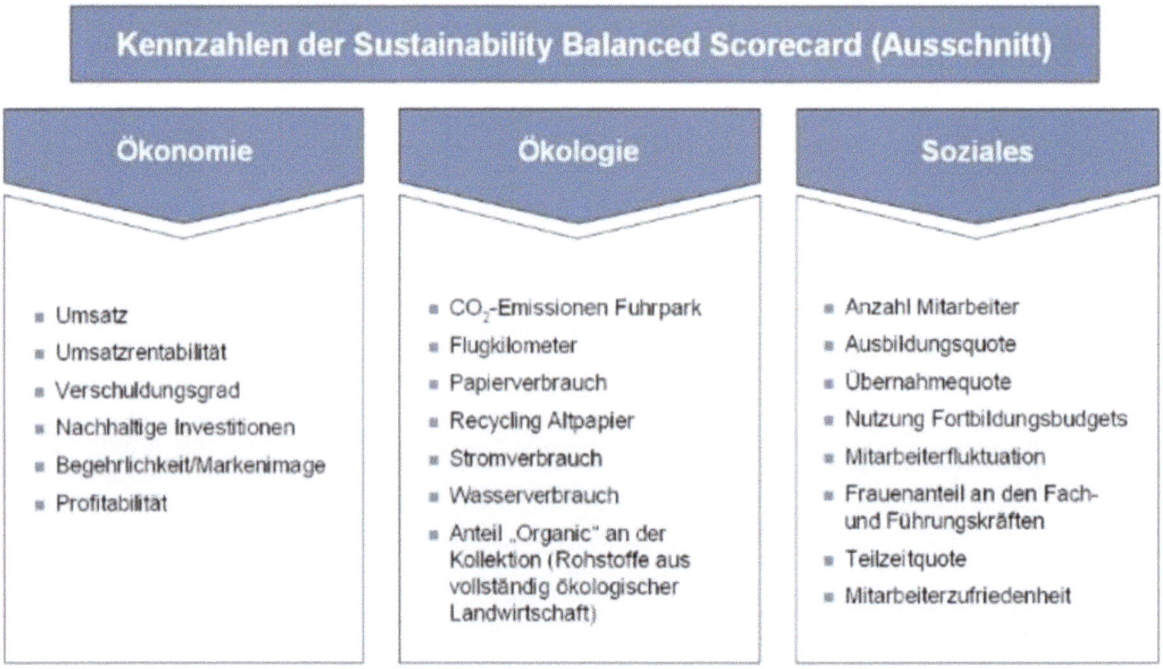

Kennzahlen der Sustainability Balanced Scorecard (Ausschnitt)

Ökonomie
- Umsatz
- Umsatzrentabilität
- Verschuldungsgrad
- Nachhaltige Investitionen
- Begehrlichkeit/Markenimage
- Profitabilität

Ökologie
- CO_2-Emissionen Fuhrpark
- Flugkilometer
- Papierverbrauch
- Recycling Altpapier
- Stromverbrauch
- Wasserverbrauch
- Anteil „Organic" an der Kollektion (Rohstoffe aus vollständig ökologischer Landwirtschaft)

Soziales
- Anzahl Mitarbeiter
- Ausbildungsquote
- Übernahmequote
- Nutzung Fortbildungsbudgets
- Mitarbeiterfluktuation
- Frauenanteil an den Fach- und Führungskräften
- Teilzeitquote
- Mitarbeiterzufriedenheit

Abb. 14: Kennzahlen einer Sustainability Balanced Score Card von Marco O´Polo GmbH (Quelle: www.haufe.de 2016)

2.5.5 EFQM Sustainability Excellence

Folgende Aussage beschreibt EFQM sehr gut: "*In addition to improvement projects, peer review of professional practices, accreditation and certification, the EFQM Approach is used mainly as a framework for quality management and as a conceptualization for organizational excellence*" (Nabitz, Klazinga und Walburg 2000: 191). Übersetzt heißt dies: „Neben Verbesserungsprojekten, Peer-Review von professionellen Praktiken, Akkreditierung und Zertifizierung wird der EFQM-Ansatz vor allem als Rahmen für das Qualitätsmanagement und als Konzeptualisierung für organisatorische Kompetenz verwendet."

Das EFQM- Modell ist ein Qualitätsmanagement-System des Total-Quality-Managements. Es wurde 1988 von der European Foundation for Quality Management (EFQM) entwickelt. Das Modell ermöglicht eine ganzheitliche Sicht auf das Unternehmen (Colsman 2013: 70).

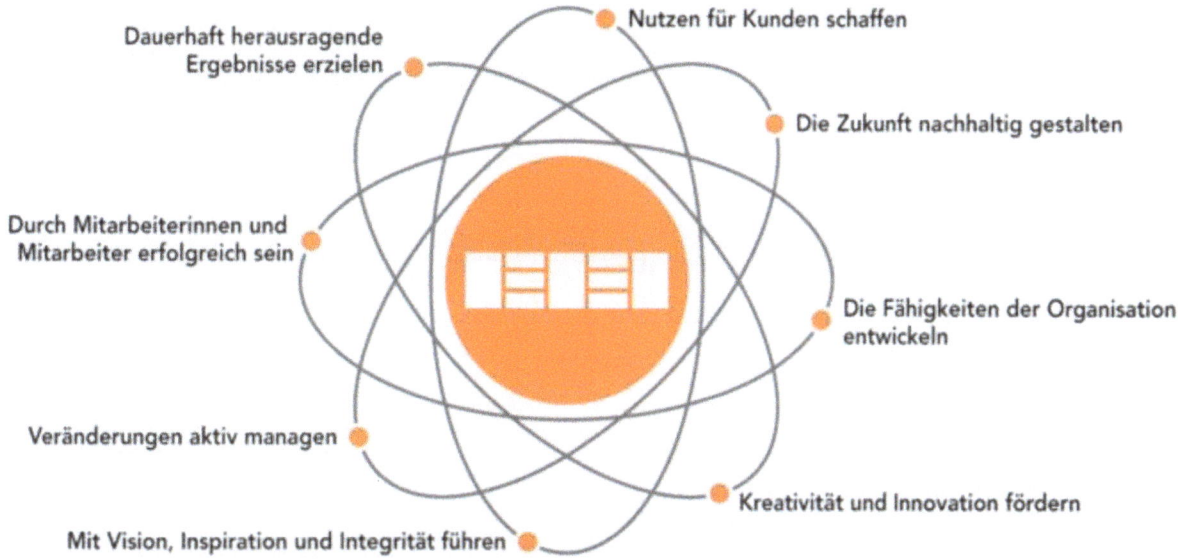

Abb. 15: EFQM Excellence Modell 2013 (Quelle: Quality Austria GmbH 2016)

Die acht Grundprinzipien des EFQM-Modells sind wie folgt beschrieben:

Nutzen für Kunden schaffen

Exzellente Organisationen schaffen konsequent Kundennutzen durch Verstehen, Voraussehen und Erfüllen von Bedürfnissen, Erwartungen sowie das Nutzen von Chancen.

Die Zukunft nachhaltig gestalten

Exzellente Organisationen üben einen positiven Einfluss auf ihr Umfeld aus. Sie steigern ihre Leistung und verbessern gleichzeitig die ökonomischen, ökologischen und sozialen Bedingungen der Gesellschaftsgruppen, mit denen Sie in Kontakt stehen.

Die Fähigkeiten der Organisation entwickeln

Exzellente Organisationen entwickeln ihre Fähigkeiten durch effektives Management von Veränderungen innerhalb und außerhalb der Organisation.

Kreativität und Innovationen fördern

Exzellente Organisationen schaffen Mehrwert und steigern ihre Leistung durch kontinuierliche Verbesserung und systematische Innovation, indem sie sich die Kreativität all ihrer Interessengruppen nutzbar machen.

Mit Vision, Inspiration und Integrität führen

Exzellente Organisationen haben Führungskräfte, welche die Zukunft gestalten und verwirklichen. Sie agieren als Vorbilder in Bezug auf geltende Werthaltungen und ethische Grundsätze.

Veränderungen aktiv managen

Exzellente Organisationen sind für ihre Fähigkeit bekannt, Chancen und Gefahren zu erkennen und darauf effektiv und effizient zu reagieren.

Durch Mitarbeiterinnen und Mitarbeiter erfolgreich sein

Exzellente Organisationen wertschätzen ihre Mitarbeiterinnen und Mitarbeiter und schaffen eine Kultur der aktiven Mitwirkung, um sowohl die Ziele der Organisation als auch die der Mitarbeiterinnen und Mitarbeiter zu erreichen.

Dauerhaft herausragende Ergebnisse erzielen

Exzellente Organisationen erzielen in ihrer Branche dauerhaft herausragende Ergebnisse, welche die kurz- und langfristigen Bedürfnisse ihrer Interessengruppen erfüllen (Quality Austria GmbH 2016)

Weiterer Inhalt einer EFQM ist die Selbstbewertung. Diese zeigt auf:

- Wie "funktioniert" unsere Organisation?
- Wie gut sind wir überhaupt?
- Wie gut sind wir im Vergleich zu anderen?
- Wie gut wollen/müssen wir sein?
- Was muss sich dazu verändern/verbessern/weiterentwickeln?
- Wo und wie fangen wir am wirkungsvollsten an?
- Welche sind unsere großen Stärken?
- Wo haben wir Nachholbedarf? (Quality Austria GmbH 2016).

Anhand der Selbstbewertung kann der Reifegrad eines Unternehmens festgestellt werden. Unterschieden wird in drei Stufen: Anfänge, auf dem Weg, reife Organisation. Für jedes Grundprinzip ist beschrieben, wie ausgeprägt die Fähigkeiten und deren Umsetzung für jede Stufe sein müssen. Hierzu folgende Beispiele (Colsman 2013: 72):

Grund-prinzip	Anfänge	auf dem Weg	reife Organisation
Nutzen für Kunden schaffen	Kundenzufriedenheit wird bewertet.	Ziele/Teilziele sind mit Bedürfnissen und Erwartungen der Kunden verknüpft. Aspekte zur Loyalität werden untersucht.	Treibende Kräfte bzgl. Kundenzufriedenheit und Loyalität werden verstanden, gemessen und in Maßnahmen umgesetzt.
Innovation und Kreativität fördern	Verbesserungsmöglichkeiten sind identifiziert und Maßnahmen werden ergriffen.	Kontinuierliche Verbesserung ist ein anerkanntes Ziel für alle.	Erfolgreiche Innovation und Verbesserung ist weit verbreitet und integriert.

Abb. 16: EFQM – Ausprägung Grundprinzipien (Ausschnitt) (Quelle: Colsman 2013: 72)

Die Gemeinde profitiert vielfach bei Einsatz des EFQM-Modells, da die Struktur von der Planung hin zur Steuerung ein exzellentes Instrument für ein Green Controlling darstellt. Insbesondere der Ablauf von den Anfängen bis hin zu einem Reifegrad stellt einen hohen Motivationsfaktor dar.

2.5.6 Reflexion der Instrumente des Green Controllings

Reflektiert man die Instrumente des Green Controllings, ergibt sich das positive Bild einer durchdachten Systematik zur Messung nachhaltiger Ziele. Im Unternehmensbereich scheint eine Umsetzung durch die meist vorhandene Struktur eines Controllings machbar. Kritischer wird die Implementierung eines Instrumentes der Green Controlling auf Gemeindeebene. Oft ist die Gemeindeverwaltung aus Konsequenz der Landesgesetzgebung lediglich mit der Abwicklung des laufenden Haushaltes befasst. Auch der politisch besetzte Prüfungsausschuss erkennt seinen gesetzlichen Auftrag in der Kontrolle über- oder unterschrittener Budgetpositionen. Eine Funktion als nachhaltiger Controller bzw. nachhaltige Controllerin wird aus dem Ausschuss und der Verwaltung nicht abgeleitet. Eine Implementierung von Green Controlling kann somit nur durch zwei Wege erfolgen: a) durch eine dementsprechende Gesetzesänderung oder b) durch eine freiwillige Beobachtung und Messung der Gemeinde. Die folgenden Praxisbeispiele sollen zeigen, wie bereits in Teilen des öffentlichen Bereiches und im Bereich von Unternehmungen Green Controlling angewendet wird.

2.6 Praxisbeispiele Green Controlling

Folgende Praxisbeispiele sollen einen Überblick über die Anwendbarkeit und Implementierung eines Green Controllings in die Unternehmens- bzw. Organisationsbeobachtung geben. Das ist nicht nur für die Forschungsfrage, sondern auch für die Subfrage, wie Green Controlling in den Gemeinden angewendet wird, von Bedeutung.

2.6.1 SBSC der Österreichischen Bundesforste AG (ÖBf AG)

Als Praxisbeispiel einer SBSC im öffentlichen Bereich dient die dreidimensionale Erfolgsmessung der Österreichischen Bundesforste AG. Auf den ersten Blick als intensive Informationssammlung wahrgenommen, finden sich in dieser SBSC die Themenbereiche Wirtschaft, Gesellschaft und Natur, die mit den in Kapitel 2.1. behandelten drei Dimensionen Ökonomie, Soziales und Ökologie gleich zu setzen sind. Diese drei Dimensionen werden weiter über ein strategisches Ziel, einen Erfolgsfaktor, die Beschreibung der Kennzahlen und schlussendlich den IST/Ziel-Vergleich ergänzt. Die daraus ablesbare Entwicklung gibt Aufschluss darüber, wie in Folgeperioden zu handeln ist.

Sustainability Balanced Scorecard (SBSC) der ÖBf AG – Dreidimensionale Erfolgsmessung

Strategisches Ziel	Erfolgsfaktor	Kennzahl	Ist 2013	Ist 2014	Ist 2015	Ziel 2015
Wirtschaft						
Ökonomischen Wert nachhaltig steigern	Gesamterfolg der ÖBf AG	EGT nach Fruchtgenuss in Mio. €	23,3	30,5	24,6	22,6
Eigenfinanzierungskraft stärken	Operativer Cashflow	Operativer Cashflow vor Investitionen und vor Finanzierung in Mio. €	31,2	29,3	24,0	23,3
Ertragskraft sichern und steigern	Return on Sales (ROS) im Eigengeschäft	ROS (EBIT-Marge) ÖBf AG = EBIT/Betriebsleistung (exkl. Beteiligungen) in %	10,3	11,5	10,9	10,7
Partnerschaftliche Kundenbeziehungen	Zufriedene Kunden	Kundenzufriedenheit (alle drei Jahre) Bewertungsschema 1 = sehr positiv bis 5 = sehr negativ	2,2			
Branchenentwicklung durch Innovation fördern	Forschung und Entwicklung	F&E-Index der ÖBf AG (externe + interne Kosten) 2003 = 100	153	157	169	180
Gesellschaft						
Erfüllung der Schutzfunktion	Realisierung spezifischer Schutzwaldprojekte	Anzahl der Projekte gemäß der ÖBf-Schutzwaldstrategie	85	84	85	90
Erfüllung der Erholungsfunktion	Verbesserung der Erholungsfunktion	Erholungsangebotsindex = Warenkorb aus Mountainbiking (km), Reiten (km), Langlaufen (km) etc., 2003 = 100	123,4	123,2	123,8	120,9
Erfüllung der Ansprüche der Einforstungsberechtigten	Sicherung der Einforstungsrechte	Hiebsatz in belasteten Betriebsklassen / Gebühr; Gebühr = urkundlich verankerte Menge an Holz in Efm, die Einforstungsberechtigten zusteht	3,72	3,59	3,58	3,60
Nutzung und Entwicklung der Mitarbeiterpotenziale	Sicherheit am Arbeitsplatz	Anzahl der Arbeitsunfälle pro 100 Mitarbeiter	7,9	8,7	6,1	≤ 9
Nutzung und Entwicklung der Mitarbeiterpotenziale	Mitarbeiterzufriedenheit	Mitarbeiter-Befragung (alle zwei Jahre) Bewertungsschema: 1 = sehr positiv bis 5 = sehr negativ		2,1		
Natur						
Nachhaltige Entwicklung und Nutzung des Waldes	Quantitative Nachhaltigkeit (Wald)	Quantitative Substanzerhaltung = bilanzierter Hiebsatz Endnutzung im Wirtschaftswald / Einschlag Endnutzung im Wirtschaftswald; Zielwert = 1	0,83	1,16	1,37	1,00
Nachhaltige Entwicklung und Nutzung des Waldes	Qualitative Nachhaltigkeit bei Nutzung ernteifer Bestände (=Endnutzung)	Einschlagsstruktur Endnutzung = gemittelter Durchschnittswert aus Alter, Seehöhe, Hangneigung, Standortsgüte und Umtriebsgruppe; Zielwert = 0, Bandbreite von -2 bis +2	-0,50	-0,50	-0,20	0,00
Nachhaltige Entwicklung und Nutzung des Waldes	Qualitative Nachhaltigkeit bei Pflegemaßnahmen mit Holzanfall (=Vornutzung)	Einschlagsstruktur Vornutzung = gemittelter Durchschnittswert aus Alter, Seehöhe, Hangneigung, Standortsgüte und Umtriebsgruppe; Zielwert = 0, Bandbreite von -2 bis +2	-0,20	0,00	-0,10	0,00
Nachhaltige Entwicklung und Nutzung des Waldes	Erreichung des Bestockungsziels	Bestockungsindikator Karbonatsstandorte = Anteil der Probeflächen, auf denen Laubholzverjüngung zur Erreichung des Bestockungsziels ausreichend vorhanden ist, an allen Probeflächen in %; Zielwert = 80	71,0	70,0	73,0	80,0
Nachhaltige Entwicklung und Nutzung des Naturraums	Gezielte Naturschutzaktivitäten / Aktives Naturraummanagement	Anzahl der segregalen Naturschutzaktivitäten pro Jahr	991	942	796	1.000

Abb. 17: SBSC der ÖBf AG – Dreidimensionale Erfolgsmessung (Quelle: Nachhaltigkeitsbericht der ÖBf AG 2015)

2.6.2 SBSC am Beispiel von BMW

Auf der Webseite der BMW Group heißt es: „Nachhaltiges Wirtschaften ist als Unternehmensziel auf Basis eines Balanced Score Card auf Konzernebene verankert. Daraus leiten sich detaillierte Vorgaben für die einzelnen Ressorts der BWM Group ab. Damit lässt sich die Nachhaltigkeitsleistung des Unternehmens künftig genauer messen und steuern. Darüber hinaus sind die Führungskräfte der BMW Group über Ihre persönlichen Zielvereinbarungen, die sich aus Unternehmens- und Ressortzielen ableiten, dezidert dem Unternehmensziel Nachhaltigkeit verpflichtet. Ein Beispiel: Zur Optimierung der Umweltleistung soll bis zum Jahr 2012 der Ressourcenverbrauch des Konzerns im Vergleich zum Jahr 2006 um 30% gesenkt werden" (Pufé 2012: 51).

Wichtigste Nachhaltigkeitskennzahlen 5-Jahres-Übersicht						T 1.01
	11	12	13	14	15	Veränderung in % gegenüber Vorjahr
Geschäftstätigkeiten						
Umsatz (in Mio. €)	68.821	76.848	76.059	80.401	92.175	14,6
Ergebnis vor Steuern (in Mio. €)	7.383	7.803	7.893	8.707	9.224	5,9
Auslieferungen Automobile (in Tsd.)	1.669,0	1.845,2	1.963,8	2.118,0	2.247,5	6,1
Produkte und Dienstleistungen						
CO_2-Emissionen der BMW Group Automobile (EU-28) (in g/km)	145	138	133	130	127	-2,3
BMW i-Fahrzeuge (Anzahl)	–	–	311	17.793	29.513	65,9
DriveNow Nutzer (Anzahl)	13.000	75.000	214.000	395.000	579.000	46,6
Produktion und Wertschöpfung						
Energieverbrauch je produziertes Fahrzeug (in MWh/Fahrzeug)	2,43	2,41	2,36	2,25	2,19	-2,7
Wasserverbrauch je produziertes Fahrzeug (in m³/Fahrzeug)	2,25	2,22	2,18	2,18	2,24	2,8
Prozessabwasser je produziertes Fahrzeug (in m³/Fahrzeug)	0,57	0,51	0,47	0,47	0,45	-4,3
CO_2-Emissionen je produziertes Fahrzeug (in t/Fahrzeug)	0,75	0,72	0,68	0,66	0,57	-13,6
Abfall zur Beseitigung je produziertes Fahrzeug (in kg/Fahrzeug)	8,49	6,47	5,73	4,93	4,00	-18,9
Emissionen VOC (flüchtige organische Lösungsmittel) je produziertes Fahrzeug (in kg/Fahrzeug)	1,75	1,78	1,59	1,29	1,22	-5,4
Anteil Strom fremd aus erneuerbaren Energien (in %)[1]	28	36	48	51	58[2]	13,7
Anteil produktionsrelevantes Einkaufsvolumen im CDP Supply Chain Programm (in %)	–	–	–	45	53	17,8
Mitarbeiter und Gesellschaft						
Mitarbeiter der BMW Group am Jahresende (Anzahl)	100.306	105.876	110.351	116.324	122.244	5,1
Fluktuationsquote der BMW AG (in % vom Personalstand)	2,16	3,87	3,47	1,41	2,08	47,5
Frauenanteil an der Gesamtbelegschaft der BMW Group (in %)	16,1	16,8	17,4	17,8	18,1	1,7
Frauenanteil in Führungspositionen der BMW Group (in %)	11,8	12,7	13,8	14,2	14,5	2,1
Durchschnittliche Fort- und Weiterbildungstage pro Mitarbeiter in der BMW Group (Tage je Mitarbeiter)	3,3	3,7	3,5	3,9	4,1	5,1
Unfallhäufigkeitsrate der BMW Group (je 1 Mio. geleistete Arbeitsstunden)	7,1	5,8	4,8	5,1	4,4	-13,7
Spendenausgaben der BMW Group (in Tsd. €)	12.873	9.638	8.485	10.199	17.066	67,3
Höhe der Ausgaben für gesellschaftliches Engagement (in Tsd. €)	36.846	31.979	28.944	34.524	39.109	13,3

1 Bestimmt aus den eingekauften Grünstrommengen sowie für den restlichen Fremdstrombezug konservativ berechneten länderspezifischen Stromanteilen aus erneuerbaren Energien (Anpassung der Methodik für Deutschland und Österreich durch Verwendung der Transparenzangaben in den Lieferantenrechnungen seit 2012).
2 Zahl nicht direkt mit 2014 vergleichbar. Zahl schließt alle BMW Group Produktionsstandorte sowie die Zentralfunktionen, Entwicklung und Verwaltung München/DE ein. Der Wert 2014 bezog sich auf die Fahrzeugproduktion. Wert für die Fahrzeugproduktion im Jahr 2015: 56 %.

Abb. 18: Auszug Sustainability Value Report 2015 BMW Group (Quelle: Website BMW Group 2016)

Green Controlling ist in der BMW Group über die Dimensionen Ökonomie, Ökologie und Soziales identifizierbar. Der Auszug aus dem Sustainability Value Report der BMW Group zeigt einen Entwicklungsvergleich der Jahre 2011 bis 2015 in absoluten Werten und Kennzahlen. In der letzten Spalte der Abbildung wird durch einen Prozentsatz die positive bzw. negative Veränderung zum Vorjahr dargestellt.

2.6.3 Ökologische Kennzahlen in der Österreichischen Nationalbank (OeNB)

Im folgenden Beispiel stellt die OeNB unter dem Punkt Umweltkennzahlen ökologische Kennzahlen dar. Neben den einzelnen Kategorien wie Energie oder Wasser wurden im rechten Bereich der Darstellung Richtwerte festgelegt, deren Über- oder auch Unterschreitung einer Beurteilung (positiv/mittel/negativ) unterzogen ist. Gut zu erkennen ist die Steuerungsmöglichkeit im Sinne eines Green Controllings bei den in Bezug gesetzten Jahreswerten, als Beispiel der Wasserverbrauch, der gemessen in Liter/Mitarbeiter/Tag im Jahr 2013 im Vorjahresvergleich gestiegen ist, im Jahr 2014 nicht nur eine deutliche Reduktion, sondern auch eine Annäherung an den positiven Richtwert gebracht hat.

Umweltkennzahlen

Ökologische Kennzahlen der OeNB

	Standort	2012	2013	2014	Einheit	Richtwerte[2] +	~	−
Energie								
Stromverbrauch pro Mitarbeiter	Wien	7,30	7,50	6,08	MWh/MA	< 4,5	6	> 8
Wärmeverbrauch	Wien	67	63	55	kWh/m²	< 110	130	> 150
Gesamtenergieverbrauch[3]	Wien	10.918.202	10.526.977	9.028.133	kWh			
davon erneuerbar[4]	Wien	6.416.000	6.282.000	5.348.000	kWh			
Wasser								
Wasserverbrauch	Wien	111	122	88	l/MA/Tag	< 60	100	> 120
Material- und Produktverbrauch								
Papierverbrauch gesamt[5]	Alle	91	95	78	kg/MA	< 100	200	> 500
Schreib-/Kopierpapierverbrauch	Alle	6.113	7.969	7.066	Blatt/MA	< 8.000	10.000	> 2.000
Recyclinganteil bei Kopierpapier	Alle	85	85	85	%	> 30%	20%	< 10%
Reinigungsmittelverbrauch[6]	Wien	15	24	18	g/m²		keine Angaben	
CO₂ Emissionen (gesamt)								
CO₂ Emissionen[7]	Alle	1,27	1,22	1,46	t/MA	< 2,8	4	> 4,5

Quelle: OeNB.
MA=Mitarbeiter.
[1] Quellen: Verein für Umweltmanagement in Banken, Sparkassen und Versicherungen e.V., Leitfaden der "Österreichischen Gesellschaft für Umweltschutz und Technik".
[2] Inklusive Diesel für Notstromaggregat (2012: 6.500 Liter, 2013: 5.200 Liter, 2014: 5.700 Liter).
[3] Seit 2010 bezieht die OeNB zertifizierten Ökostrom. Der Rückgang beim Stromverbrauch resultiert aus Optimierungen und dem Bezug von Fernkälte ab 2014.
[4] Der Papierverbrauch enthält die Einkaufszahlen und somit auch Lagerware. Gesamtverbrauch 2014: 84.278 kg.
[5] Gesamtverbrauch 2014: 1.211 kg. Mehrverbrauch 2013 bedingt durch interne Übersiedelungen.
[6] Betrieb und Dienstreisen; gesamt 2014: 1.579 Tonnen; CO2 Umrechnungsfaktoren lt. Umweltbundesamt 2013. Einbezogen werden Energieverbrauch, Dienstreisen, Transporte und Notstromaggregat. Die Berechnung in der Spalte 2014 beruht auf aktualisierten CO2-Äquivalenten, die Vorjahre sind unverändert.

Abb. 19: Ökologische Kennzahlen der OeNB (Quelle: www.oenb.at 2016).

2.6.4 Darstellung ökologischer Kennzahlen der Bayer AG

Im Geschäftsbericht 2015 der Bayer AG wählt der Konzern in den Darstellungen der nachhaltigen Kennzahlen, die in den folgenden Abbildungen als „Ökologische und gesellschaftliche Kennzahlen" tituliert sind, einen Entwicklungsbereich im Beobachtungszeitraum 2011 bis 2015. Zu erkennen sind im Bereich Ressourceneinsatz, im Detail der Wasserverbrauch, zwei unterschiedliche Beobachtungen, einmal in Form einer Ansicht in Prozent pro Jahr, dann in Millionen m³ pro Jahr. Das Ergebnis der Reduktion des Wassereinsatzes ist Bestandteil der Energieeffizienz, die Bayer seit 2012 um 4% verbessern konnte.

Abb. 20: Kennzahlen Bayer AG – Standard Ansicht (Quelle: Geschäftsbericht der Bayer AG 2015)

Abb. 21: Kennzahlen der Bayer AG – Indexierte Ansicht (Quelle: Geschäftsbericht der Bayer AG 2015)

2.6.5 Umweltkennzahlen PUMA

Bei den Zielen für Aktivitäten im Bereich der ökologischen Nachhaltigkeit differenziert PUMA zwischen eigenen Standorten (Büros, Geschäfte und Läger) und Hauptzulieferanten bzw. Hauptzulieferantinnen. Es werden regelmäßig die Umweltkennzahlen für CO_2-Emissionen, Energie, Wasser, Abfall und Papier gemessen. Es wird auf eine Darstellung mittels Text zurückgegriffen, die in einigen Punkten auch einen Ziel- und Lösungsweg einarbeitet, siehe folgender Auszug:

Energieverbrauch und CO_2-Emissionen:

2015 konnten wir die Emissionen des PUMA Fuhrparks von 227 Firmenwagen in der Unternehmenszentrale in Herzogenaurach zum Beispiel durchschnittlich von 132 g CO_2/km auf 122 g CO_2/km reduzieren und dadurch allein in Deutschland ca. € 30.000 einsparen. Insgesamt konnten wir unseren Energieverbrauch zwischen 2010 und 2015 in relativen Zahlen um 6% pro Mitarbeiter senken. In absoluten Zahlen stieg der Energieverbrauch um 8%. Damit betrug die relative Senkung von CO_2-Emissionen der Stufe 1 (direkte Emissionen) 20% und 13% bezogen auf die Stufe 2 (indirekte Emissionen). Unterstützt wurde dieser Rückgang maßgeblich durch den vermehrten Zukauf von Strom aus erneuerbaren Energien, von 10% (2011) auf 14% (2015), sowie durch die Nutzung der Energie aus den Fotovoltaik Anlagen in unserer Unternehmenszentrale und dem PUMA-Store in Herzogenaurach sowie unserer Zentrale in den USA.

CO_2-Emissionen aus dem Warentransport:

Da die Mehrheit der PUMA-Produkte in Asien produziert und weltweit vermarktet wird, ist der Warentransport einer der wesentlichen Verursacher von CO_2-Emissionen. Der Anstieg um 11,7% von 51.784 auf 57.828 Tonnen CO_2 entspricht dem vermehrten Warentransport aufgrund von PUMAs neuer strategischer Ausrichtung. Die Emissionen pro transportierter Tonne sind über die letzten Jahre konstant geblieben, was das Resultat von sorgfältiger Planung und der Umsetzung der Richtlinien und Programme zur besseren Raumauslastung und zum Einsatz der besten verfügbaren Transportmittel für die jeweiligen Geschäftsaktivitäten ist.

Wasserverbrauch:

In relativen und absoluten Zahlen haben wir 2015 22% bzw. 11% eingespart und damit unser Ziel knapp um 3% verfehlt. Bei einem Durchschnittspreis von zwei Euro pro Kubikmeter konnten wir durch die Vermeidung von 12.000 m3 Leitungswasser Kosten in Höhe von ca. € 25.000 einsparen. Für die kommende Zielperiode verlagern wir unseren Fokus beim Wasserverbrauch von unseren eigenen Standorten auf Frischwasserverbrauch und Abwasserbehandlung entlang unserer Beschaffungskette, da diese bedeutend mehr Auswirkungen auf unseren ökologischen Fußabdruck haben.

Abfall:

Zwischen 2010 und 2015 konnten wir den recycelbaren Abfallanteil auf 59% erhöhen und das Abfallvolumen pro Mitarbeiter signifikant um 32% senken. Damit haben wir unser Ziel erreicht, 2015 unser Abfallvolumen um 25% zu verringern. Auch in Zukunft beabsichtigen wir, Abfallentstehung und -recycling weltweit zu bemessen. Bis 2020 konzentrieren wir uns dabei – wie auch beim Wasserverbrauch – stärker auf unsere Zulieferer als auf unsere eigenen Standorte, da entlang der Beschaffungskette wesentlich mehr Abfall produziert wird als an PUMA-Standorten.

Papierverbrauch:

An unseren eigenen Standorten konnten wir den Papierverbrauch (Produktverpackungen nicht mitgerechnet) in den letzten fünf Jahren erheblich senken. Sowohl beim durchschnittlichen Verbrauch pro Mitarbeiter (- 44%) als auch beim Gesamtverbrauch (-36%) haben wir unser Ziel einer Senkung um 25% erreicht. Somit konnten wir nicht nur Papierkosten sparen, sondern auch unser Abfallvolumen, das hauptsächlich aus Papier und Kartonagen besteht, deutlich reduzieren. Die Hochrechnung der Einsparungen bei Papierkosten bei einem Preis von einem Euro pro Kilogramm Büropapier ergibt geschätzte Gesamteinsparungen von über € 100.000 im Jahr. Neben dem vermeidbaren Papiervolumen haben wir auch den Anteil von recyceltem bzw. zertifiziertem Papier an unseren Standorten stetig erhöht. Waren es 2010 noch 47%, sind heute 56% unseres Papiers zertifizierten und/oder recycelten Ursprungs. Diesen Anteil wollen wir in Zukunft weiter steigern. Dessen ungeachtet wollen wir auch beim Papier- und Kartonagenverbrauch unseren Fokus und unser Ziel von der Unternehmens- auf die Zuliefererebene verlagern. Der erste wichtige Schritt hierbei war die Einführung eines FSC®-zertifizierten Standardschuhkartons, der zu über 90% aus recyceltem Papier besteht. Im Vergleich: Mit dem neuen Schuhkarton verwenden wir ca. 50-mal mehr recyceltes und zertifiziertes Papier als in allen unseren Büros, Geschäften und Lägern weltweit (Website PUMA Umweltkennzahlen 2015).

2.6.6 Reflexion der Praxisbeispiele

In den Praxisbeispielen ist die Anwendbarkeit und die Implementierung eines Green Controllings auf Organisations- und Unternehmensebene erkennbar. Je nach Branche bzw. Aufgabenbereich unterscheiden sich die Zielsetzungen des Green Controllings. Die Messung findet mit verschiedenen der jeweiligen Unternehmens- bzw. Organisationsstruktur angepassten Instrumenten statt.

Beispielgebend für den öffentlichen Bereich ist die Implementierung des Green Controllings anhand der SBSC der Österreichischen Bundesforste AG. Die wichtigen drei Dimensionen Ökonomie, Soziales und Ökologie werden durch ein strategisches Ziel, einen Erfolgsfaktor, die Beschreibung der Kennzahlen und schlussendlich den IST/Ziel-Vergleich ergänzt. In Betrachtung der Rahmenbedingungen in NÖ Kommunen ist das Praxisbeispiel der ÖBf AG nach Meinung des Autors auf Gemeindeebene anwendbar.

3. Methodik und Vorgangsweise

Um unter anderem die Existenz oder auch mögliche Nichtexistenz von Green Controlling in NÖ Gemeinden festzustellen, wird im folgenden Kapitel über Methodik eine Beschreibung der Erhebung stattfinden. Es wird die Vorgehensweise diskutiert und kritisiert bzw. der Aufbau der Befragung in Bezug auf z.B. Forschungsdesign, Pretest und verwendete Materialen beschrieben. Dieses Kapitel trägt durch die breit angelegte Befragung maßgeblich zur Beantwortung der Forschungsfrage bei.

Die entstehende Masterarbeit ist eine zusammenfassende Aufbereitung der vorhandenen Literatur und enthält eine empirische Erhebung. Eine Begründung für die Auswahl wird nachfolgend erörtert. Viele Teilaspekte, die zur Beantwortung der Forschungsfrage dienen, sind in der Literatur bereits behandelt und könnten durch eine entsprechende Zusammenführung dabei helfen, die Forschungsfrage zu beantworten. Es gibt zurzeit keine Quelle, die Green Controlling auf der NÖ Gemeindeebene wissenschaftlich erfasst hat. Daher soll in einer empirischen Arbeit der Einsatz von Green Controlling in niederösterreichischen Gemeinden festgestellt werden. Die gesamte Aufbereitung soll einen Beitrag zum Verständnis für den Themenbereich Nachhaltigkeitscontrolling in Form eines Überblickes der vorhandenen Erkenntnisse bringen.

3.1 Diskussion und Kritik der Vorgehensweise der Erhebung

Um der Forschungsfrage, welchen Stellwert Green Controlling in niederösterreichischen Gemeinden hat, auf den Grund zu gehen, gibt es mehrere Möglichkeiten. Eine davon ist die reine Literaturrecherche, in der über verschiedene Quellen eine Darstellung der Inhalte, der Instrumente und der vorhandenen Praxisbeispiele erfolgt. Dies allein jedoch schließt den Weg zur Beantwortung der Forschungsfrage fast gänzlich aus, da zu dieser selbst keine Aufarbeitung vorliegt.

Eine weitere Möglichkeit wäre die Methodik der Fallstudie, also beispielsweise die Analyse der Heimatgemeinde des Verfassers, um gemeinsam mit der Verwaltung ein Green Controlling zu erstellen. Der Vorgang, deduktiv eine allgemeine Gültigkeit abzuleiten und diese dann in einer empirischen Untersuchung von anderen Gemeinden verifizieren bzw. falsifizieren lassen, klingt im ersten Ausspruch reizvoll. Der Vorteil wäre, dass mit einem fertigen Modell bereits in weitere Kommunen gegangen werden kann. Gegen diese Methodik spricht, dass im Zuge des Zeitrahmens nur eine minimale Breite an weiteren Fällen erzeugt werden kann. Dies wäre zwar eine Sammlung im Sinne eines Best Practice, würde aber keinen Überblick über das Geschehen der untersten Hierarchieebene des Bundeslandes geben.

Auch zu beachten ist die Erhebung in Form von Interviews mit verantwortlichen Personen, also sowohl aus der Verwaltung als auch aus der Politik. Mit einem Interview kann auf die Einzelsituation eines kommunalen Verwaltungsbereiches detailliert eingegangen werden. Die Tiefe des Individualbeispiels ist hier gegeben. Leider geht damit aber der Charakter einer breiten Erkenntnis aus der Forschungsfrage, welchen Stellenwert Green Controlling in NÖ Gemeinden hat, verloren. Aus der langjährigen Erfahrung des Verfassers geht hervor, dass aus den verschiedenen Ebenen, in diesem Fall Politik und Verwaltung, auch unterschiedliche Perspektiven in Interviews entstehen, d.h. dass der/die GemeindeamtsdirektorIn im Bereich der beschrieben Dreidimensionalität einen anderen Blickwinkel einnimmt als der/die FinanzreferentIn oder gar der/die BürgermeisterIn.

3.2 Beschreibung Entscheidung für die Methode

Die Wahl fiel daher darauf, einen Teil der Master Thesis auf eine zusammenfassende Aufbereitung der vorhandenen Literatur zu konzentrieren und die recherchierten Ergebnisse darzustellen. Es soll eine empirische Erhebung in Form eines digitalen Fragebogens stattfinden. Der Fragebogen soll an alle fünfhundertdreiundsiebzig niederösterreichische Gemeinden auf dem elektronischen Weg übermittelt werden, eine dementsprechende Datenauswertung ist vom Land Niederösterreich, Abteilung Gemeinden (IVW3) zur Verfügung gestellt worden. Aus der Milieukenntnis des Verfassers wird abgeleitet, dass die Befragung seitens des Bürgermeisters/der Bürgermeisterin beantwortet werden wird. Er/Sie ist in der hauptverantwortlichen Position nach der NÖ Gemeindeordnung und hat als Schnittstelle der einzelnen Referate und der Verwaltung alle relevanten Informationen und Kenntnisse. Auch ist das Interesse der BürgermeisterInnen, hier eine umfassende Erhebung mitgestalten zu können von Wichtigkeit, da damit die Bemühung einer nachhaltigen Entwicklung der Gemeinde in eine Beobachtung gefasst wird.

3.2.1 Art, Gliederung und Aufbau der Befragung

Beginnen soll die Befragung mit einer Erhebung zum Verständnis und zur Bedeutung ökologischer Nachhaltigkeit. Dazu werden Begriffsbereiche wie Energieeinsparung, Einsatz erneuerbarer Energien, Projekte zur CO_2-Reduktion etc. abgefragt. Auch wie hoch die aktuelle, aber auch die zukünftige Bedeutung von Nachhaltigkeit in der Gemeinde einzuschätzen ist bzw. auf welche Bereiche Nachhaltigkeit eine direkte Wirkung hat, soll erhoben werden. Wo gibt es Verbesserungspotentiale und wo möchte die Gemeinde zukünftig mehr investieren? Ergänzend zu diesem Punkt sind auch die Beteiligung an Organisationen wie NÖ Klimabündnis oder Aktionen wie e5 zu messen.

Eine wichtige Abfrage betrifft die TreiberInnen ökologischer Nachhaltigkeit in den Gemeinden: Wer ist hier der/die Verantwortliche? In welchen Gremien wird entschieden, wie eine Umsetzung passiert? Geht sie mehr von der Gemeinde aus oder folgt sie einem Top-down-Prinzip nach der Hierarchie im Bundesland? Wie sieht die Gemeinde die Stellung der Bevölkerung zum vorliegenden Thema?

Zu den Inhalten und Instrumenten des Green Controlling werden Fragen zur Kenntnis der vier Strategietypen gestellt, die Selbsteinschätzung der Gemeinde und welchen Typ diese zukünftig erreichen will. Gibt es ein Green Controlling in der Gemeinde? Eine weitere Abfrage beschäftigt sich damit, was für oder gegen die Einführung eines Green Controllings spricht und wo die Aufgaben und Herausforderungen eines Green Controllings gesehen werden. Wenn ein Green Controlling vorhanden ist, wird erforscht, ob eine strukturierte Form an Strategiefindungsinstrumenten und Instrumenten des Green Controllings wie eine SBSC oder ein EFQM verwendet wird. Auch werden allgemeine Daten zur Gemeinde erhoben. Hier scheinen Werte wie Größe der Gemeinde, Anzahl der Bevölkerung und Finanzstärke in Form des ordentlichen und außerordentlichen Haushaltes von Interesse zu sein.

3.2.2 Forschungsdesign

Mit dem Forschungsdesign (auch als Untersuchungsdesign, Untersuchungs- oder Versuchsanordnung, Versuchsplan bezeichnet) wird festgelegt, wann, wie, wo und wie oft die empirischen Indikatoren an welchen Objekten erfasst werden. Es wird somit die Art und Weise festgelegt, wie das Forschungsinstrument eingesetzt werden soll. In vorliegender Arbeit wird ein Querschnittdesign angewendet, d.h. eine Eigenschaft wird einmalig bei einer bestimmten Untersuchungseinheit erhoben. Eine Eigenschaft steht hier für den gesamten Erhebungsbereich zu Green Controlling.

3.2.3 Auswahl der Untersuchungseinheit

Die Auswahl einer Stichprobe ist sehr aufwendig, da Niederösterreich in seiner Größe viele unterschiedliche demographische und geographische Vorrausetzungen aufweist. Den Rahmen eines Stichprobenumfanges festzulegen, ist somit nicht zielführend, da das mit einem erheblichen Aufwand verbunden wäre. So fällt die Entscheidung auf eine Vollerhebung aller fünfhundertdreiundsiebzig niederösterreichischen Gemeinden. Da der Erhebungsbogen, wie bereits beschrieben, auf dem elektronischen Weg übermittelt wird, ist diese Vollerhebung weder als sehr aufwendig noch als zu teuer einzustufen.

3.2.4 Pretest

Vor der Anwendung wird das Erhebungsinstrument, der Fragebogen, bei fünf Gemeinden getestet. Es soll damit festgestellt werden, ob eine gültige und zuverlässige Messungen möglich ist. Der Pretest dient dazu, evtl. Mängel aufzuzeigen und den zeitlichen Aufwand einzuschätzen. Die entdeckten Mängel werden in der Arbeit angeführt und begründet. Das Erhebungsinstrument muss dann auch entsprechend überarbeitet werden.

3.2.5 Datenerfassung

Die gewonnenen Daten werden niedergeschrieben, aufbereitet und gespeichert, bevor sie im nächsten Schritt analysiert werden. Zu diesem Zweck wird die Datensammlung strukturiert, gestrafft, verdichtet und auf Fehler überprüft. Die kodierten Daten werden mit einer geeigneten Software analysiert.

3.2.6 Datenanalyse

Die gesammelten Daten werden hinsichtlich der Forschungsfrage und den Subfragen ausgewertet und interpretiert. Die empirischen Ergebnisse werden mit den theoretischen Erkenntnissen verglichen. Eventuell auftretende Fehler und die angewandte Methode werden diskutiert. Die Verteilungen einer Variablen und die Zusammenhänge zwischen zwei oder mehr Variablen werden mit Hilfe statistischer Methoden und einer geeigneten Software untersucht. Damit wird überprüft, inwieweit die in der Theorie vorhandenen Beziehungen mit den erhobenen Daten übereinstimmen. Es wird ein univariates Analyseverfahren angewendet, mit dem man einen Überblick über die Verteilung von Merkmalsausprägungen oder statistischen Kennwerten (Modus, Median und das arithmetische Mittel) erhält.

3.2.4 Verwendete Materialien

Online-Befragung ist die kostengünstigste Variante, bei der die gewonnenen Daten – je nach Software – elektronisch vorliegen und am PC ausgewertet werden können (Karmasin und Ribing 2006: 108 f.) Daher wird der Fragebogen auf der Umfrageplattform SurveyMonkey [sic!] im Internet erstellt. Aus der Erstellung wird ein Link generiert und zur Befragung an die prospektiven Teilnehmer/die prospektiven Teilnehmerinnen mit einer Frist zur Beantwortung versandt. Für die Frist ist aus Erfahrung ein Zeitraum von bis zu vier Wochen einzuplanen. Wie schon in der Beschreibung zur Methodik erwähnt, wird der Link per E-Mail an die Gemeinden versandt.

4. Daten

Kapitel 4 beschäftigt sich mit dem Pretest und dessen Ergebnis. Weiter wird auf Erfahrungen, Problemstellungen und Problemlösungen in der Datenerhebung eingegangen.

Vor den anstehenden Erhebungen anhand des digitalen Fragebogens wurde Kontakt zum KDZ – Zentrum für Verwaltungsforschung aufgenommen. Das Institut hat den angesprochenen Fragebogen eingesehen und nach einem Feedback den Einsatz des Fragebogens in vorliegender Form für sinnvoll erachtet.

4.1 Ergebnis Pretest

Im Zeitraum von 2.11.2016 bis 7.11.2016 wurde der Pretest, wie in Kapitel 3.2.4 bereits beschrieben, an fünf Gemeinden durchgeführt. Damit der Test einen guten Überblick bieten kann, wurde bei der Auswahl der fünf Gemeinden die geographische Lage beachtet. Auch die

Anzahl der EinwohnerInnen und die Größe der Gemeinde in Form der Fläche wurden berücksichtigt. Von den fünf Aussendungen wurden **drei** beantwortet. Bei den beantworteten Fragebögen sind alle Fragen beantwortet worden. Dadurch wird festgestellt, dass der Fragebogen verständlich ist und ausgefüllt werden kann. In Bezug auf die Forschungsfrage und die Subfragen ist zu erkennen, dass diese durch die Erhebung zu beantworten sind. Damit kann die Erhebung auf das gesamte Bundesland NÖ ausgedehnt werden. Durch die gegeben technischen Möglichkeiten kann das Ergebnis des Pretests in das Gesamtergebnis einfließen.

4.2 Erfahrungen, Problemstellungen und Problemlösungen in der Datenerhebung

Die direkten Rückmeldungen per E-Mail auf die Aussendung des Umfragelinks sind hauptsächlich Eingangsbestätigungen. Es sind aber durchaus Probleme zu erkennen. Ein Beispiel dazu war die Rückmeldung einer Gemeinde, dass der versendete Link als unsicher einzustufen ist und daher nicht an der Erhebung teilgenommen wird. Problemlösung in diesem Fall war der Hinweis, dass entweder Firewall oder die Einstellung der Cookies zu dieser Meldung führen können und der Link von SurveyMonkey ohne Probleme bzw. Gefahr genutzt werden kann.

Ein weiteres Problem war, im Outlook alle 573 gemeinsam anzuschreiben. Daher wurde die Aussendung in mehreren E-Mails vorgenommen. Dies funktionierte ohne weitere Störung. Lediglich zwei E-Mail-Adressen wurden mit der Meldung „mail delivery faild" angezeigt, d.h. diese konnten nicht zugestellt werden. Auf Nachfrage wurden aber beide Adressen bestätigt. Bei der wiederholten Aussendung kam aber die gleiche Fehlermeldung. Damit der restliche Forschungsprozess dadurch nicht aufgehalten wird, wurde von einer weiteren Intervention abgesehen.

Von nur einer Gemeinde kam die Rückmeldung per E-Mail, dass derartig viele Umfragen auf Gemeinden einprasseln und daher an vorliegender nicht teilgenommen wird. Es wurde darauf in der Antwort die kurze Zeitspanne für die Befragung aufgezeigt und gebeten, in diesem Fall die Erhebung zu beantworten.

5. Analyse

Im Kapitel Analyse wird im ersten Schritt auf die Charakterisierung der Studienteilnehmer eingegangen und in weitere Folge die Ergebnisse der Studie dargestellt. Dazu werden mit dem

Datenmaterial aus der Erhebung Tabellen erstellt und zum besseren Verständnis beschrieben. Es folgt immer zuerst die Beschreibung und dann die dazugehörige Tabelle.

5.1 Überblick zur Analyse

Nach dem Pretest startete die Befragung am 8.11.2016 und endete am 30.11.2016. Es wurden 2 Erinnerungen ausgesendet. Die erste Erinnerung erfolge bei einem Stand von 83 Beantwortungen, davon 73 vollständig am 17.11.2016. Die zweite Erinnerung erfolgte am 25.11.2016. Zu diesem Zeitpunkt waren 124 Befragungen eingetroffen, davon 110 vollständig.

Insgesamt wurden 573 Fragebogen ausgesandt, der gesamte Rücklauf betrug 164 Fragebögen, das ergibt eine Rücklaufquote von 28,62%. Das Gesamtergebnis wurde um die 24 unvollständigen Fragebögen bereinigt, 140 Fragebögen können somit für die Studie ausgewertet werden. In Bezug auf die Gesamtanzahl der ausgesendeten Fragebögen liegt ein Rücklauf von 24,43% an vollständigen Beantwortungen vor. Eine doppelte oder Mehrfachbeantwortung durch einzelne Gemeinden konnte durch einen Vergleich der IP-Adressen ausgeschlossen werden.

Tab. 1: Feldbericht (Quelle: eigene Darstellung)

Ausgesendete Fragebögen	573
Anzahl Rücklauf Fragebögen gesamt	164
Anzahl Rücklauf vollständige Fragebögen	140
Anzahl Rücklauf unvollständige Fragebögen	24
Rücklaufquote gesamt	28,60%
Rücklaufquote vollständige Fragebögen	24,40%

5.2 Charakterisierung der Studienteilnehmer anhand demographischer Daten

Wie in Tabelle 2 dargestellt, wurden von den 140 vollständigen Beantwortungen 67,1% von Vertragsbediensteten ausgefüllt. Die zweitgrößte Gruppe stellen die Beamten und Beamtinnen mit 27,9% dar. 5% des vollständigen Rücklaufes wurde von Beamten und Beamtinnen ausgefüllt. In weiterer Folge werden auch Vergleiche bzw. Auswertungen zwischen öffentlichem Dienst und Politik gezogen. Beamte und Vertragsbedienstete werden in diesen Vergleichen zusammengefasst, da die Antworten nur sehr gering abweichen.

Tab. 2: Teilnehmende Personen nach Funktion (Quelle: eigene Darstellung)

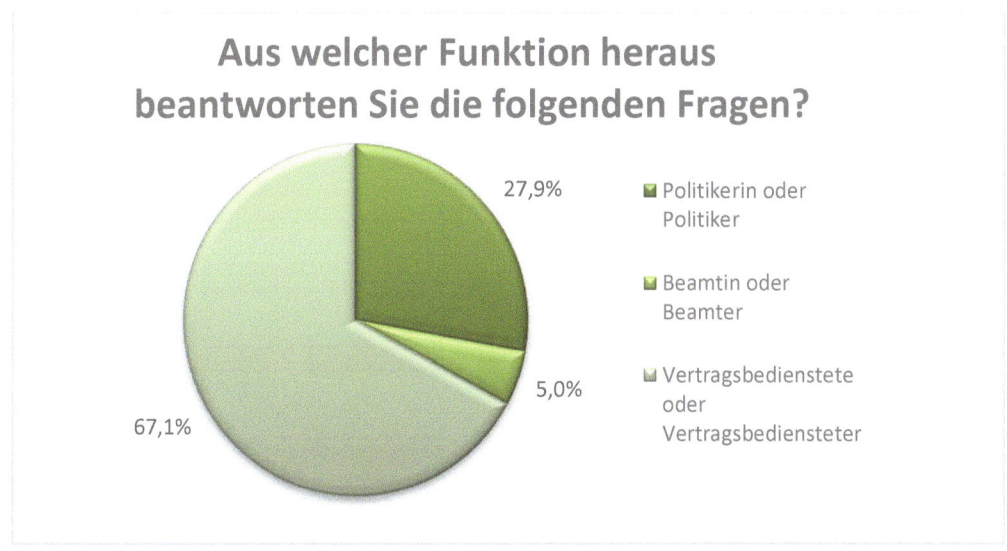

Beim Alter der teilnehmenden Personen war lediglich eine Person unter 20 Jahre alt. Im Bereich über das 75 Lebensjahr hinausgehend antwortete niemand, zwischen 66 und 75 Jahren liegt eine Rückmeldung vor. Die Mehrzahl der antwortenden Personen findet sich in der Gruppe von 46 bis 55 Jahren mit 45,7% oder 64 Beantwortungen, gefolgt von den 56 bis 65jährigen TeilnehmerInnen mit 25% bzw. 35 Beantwortungen. Im Alter von 36 bis 45 Jahren nahmen 23,6% der Befragten teil. Dies sind 33 Personen.

Tab. 3: Teilnehmende Personen nach Alter (Quelle: eigene Darstellung)

Die teilnehmenden Personen teilen sich in 27,3% Frauen bzw. 72,7% Männer. In den einzelnen Funktionen betrachtet, kommt auf die Gruppe der BeamtInnen auf 100% Männer. Die

Politiker/-innen teilen sich in einem Verhältnis von 90% Männern zu 10% Frauen. Bei den Vertragsbediensteten ergibt sich ein Verhältnis von 64% Männern zu 36% Frauen.

Tab. 4: Teilnehmende Personen nach Geschlecht (Quelle: eigene Darstellung)

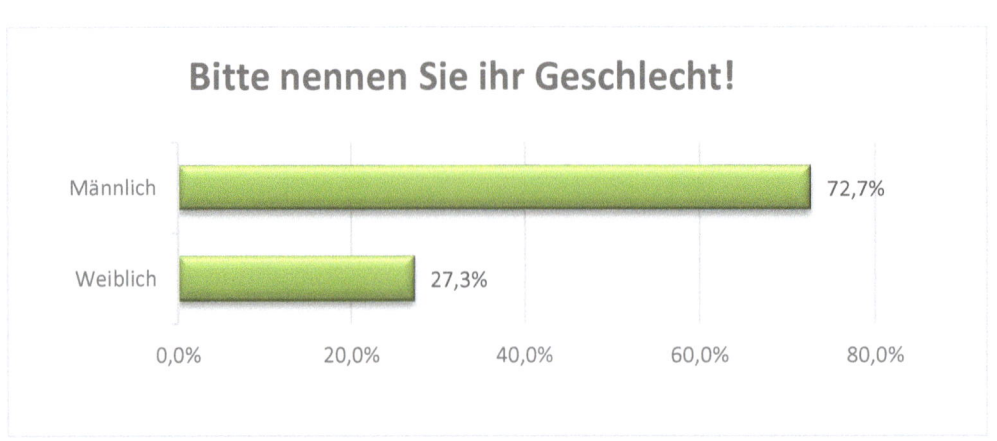

An der Erhebung nahmen die meisten Gemeinden mit einer Bevölkerungsanzahl zwischen 1.000 und 1.999 EinwohnerInnen teil. Großgemeinden in der Gruppe zwischen 40.000 bis 59.900 EinwohnerInnen beteiligten sich nicht an der Erhebung (siehe Tabelle 5). Die vorliegenden Ergebnisse zu dieser Frage ergeben einen repräsentativen Schnitt durch die Gemeinden Niederösterreichs.

Tab. 5: Anzahl der Einwohner in der Gemeinde (Quelle: eigene Darstellung)

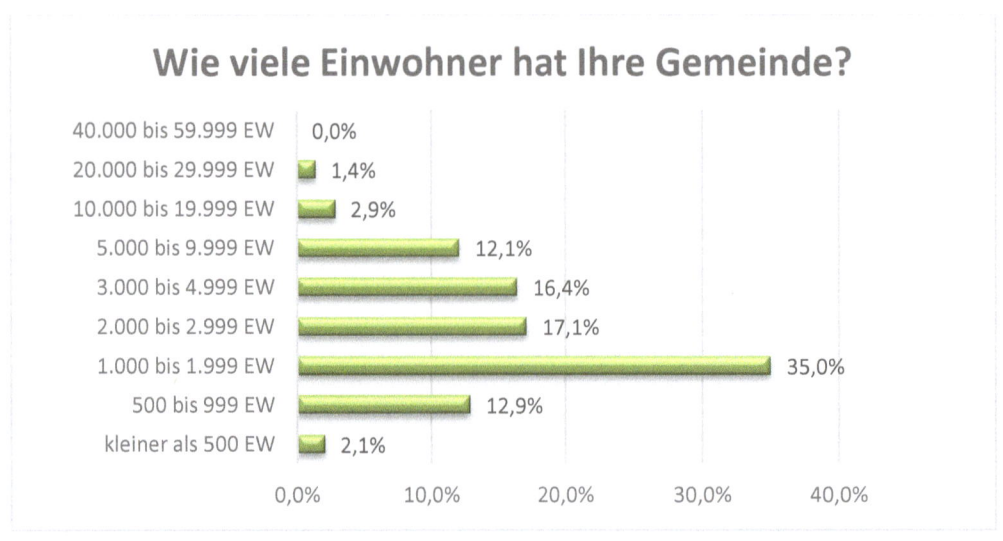

In der Frage nach der Fläche der einzelnen Gemeindegebiete blieben die Punkte *größer als 250 km²* und *150 bis 199 km²* ergebnislos. Der größte Rücklauf kam hier von Gemeinden mit einer Fläche von 20 bis 49 km², gefolgt von den Gemeinden mit 5 bis 19 km² Grundfläche.

Tab. 6: Fläche der Gemeinde (Quelle: eigene Darstellung)

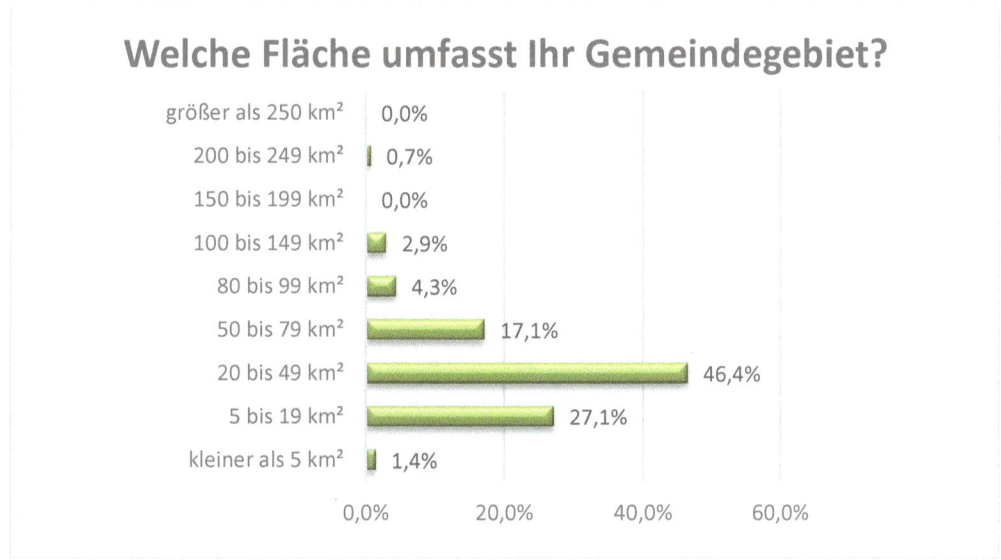

In den Tabellen 6 und 7 erfolgt die Darstellung der Finanzstärke der befragten Gemeinden. Diese teilt sich in den ordentlichen und außerordentlichen Gemeindehaushalt. Der ordentliche Haushalt befasst sich im weiteren Sinn mit den laufenden Einnahmen und Ausgaben einer Kommune. Das betrifft oft wiederkehrende Budgetpositionen wie Instandhaltungskosten, Verwaltungskosten oder auch Einnahmen aus einem Badebetrieb.

Im außerordentlichen Haushalt sind häufig einmalige Investitionen angeführt, wie die Erneuerung eines Straßenzuges oder der Ankauf von neuen Parkbänken. In den folgenden Auswertungen ist zu erkennen, dass im ordentlichen Haushalt die größte Gruppe mit 63,3% weniger als 5 Millionen EUR zur Verfügung hat. Keine der antwortenden Gemeinden hat mehr als 70 Millionen EUR im ordentlichen Haushalt zur Verwendung.

Der außerordentliche Haushalt wird von 92,1% der Befragten ebenso mit weniger als 5 Millionen Budget angegeben. Zwischen 30 und 69 Millionen EUR bzw. ab 100 Millionen EUR gibt es keine Nennung eines außerordentlichen Haushaltes.

Tab. 7: Ordentlicher Gemeindehaushalt (Quelle: eigene Darstellung)

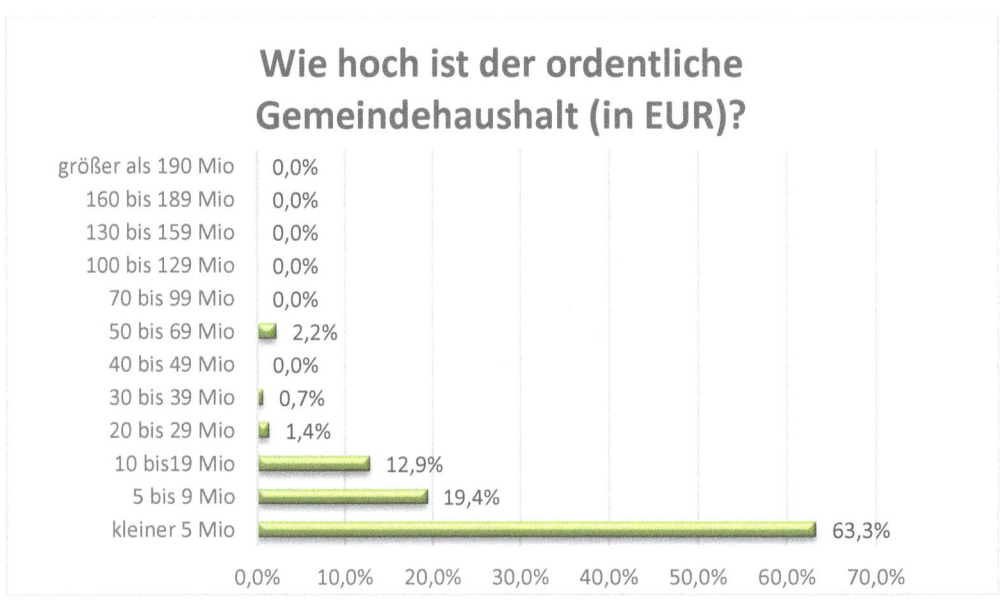

Tab. 8: Außerordentlicher Gemeindehaushalt (Quelle: eigene Darstellung)

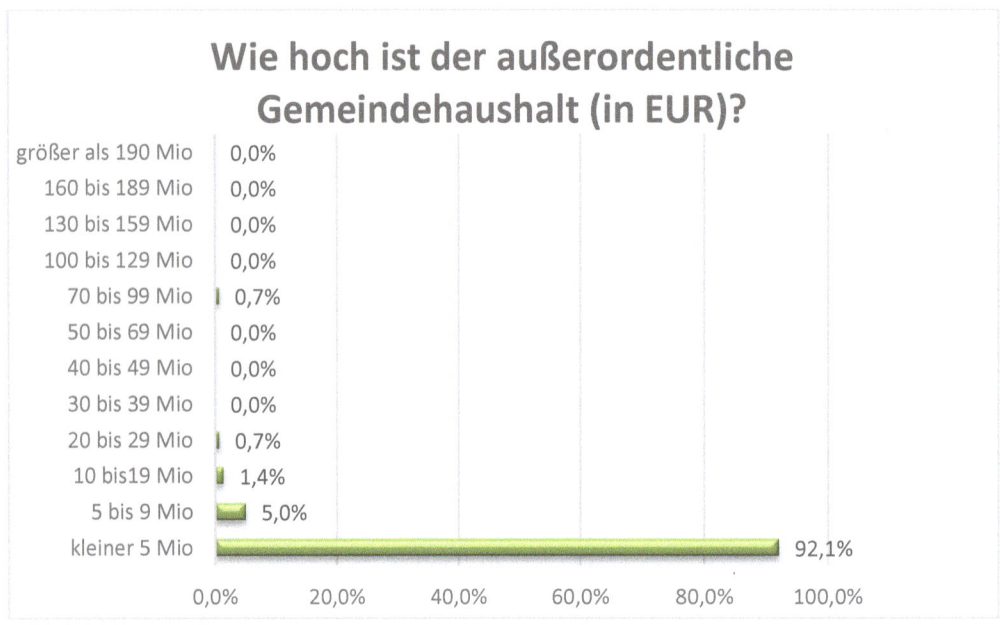

5.3 Darstellung der Studienergebnisse

Dieser Punkt widmet sich der Darstellung der erhobenen Daten auf den Seiten 2 und 3 des Fragebogens. Inhaltlich betrifft das die beiden Themenbereiche Nachhaltigkeit und Green Controlling.

5.3.1 Darstellung der Studienergebnisse zum Themenbereich Nachhaltigkeit

Die Frage nach der aktuellen Bedeutung von ökologischer Nachhaltigkeit in der Gemeinde bringt die Antwort, das 45% der befragten Gemeinden die aktuelle Bedeutung als mittel einreihen. Immerhin 35,7% stufen die aktuelle Bedeutung hoch ein, 7,9% als sehr hoch. Geringe Bedeutung sehen 10%, sehr gering wählten 1,4%. Eine unterschiedliche Meinung der Befragten ist insofern zu erkennen, als dass Bedienstete zu 48,5% eine mittlere und zu 33,7% eine hohe Einstufung der Aktualität von Nachhaltigkeit vornehmen. Die Politik hingegen sieht zu 35,9 % eine mittlere und zu 41% eine hohe Einstufung der aktuellen Bedeutung.

Tab. 9: Aktuelle Bedeutung ökologischer Nachhaltigkeit (Quelle: eigene Darstellung)

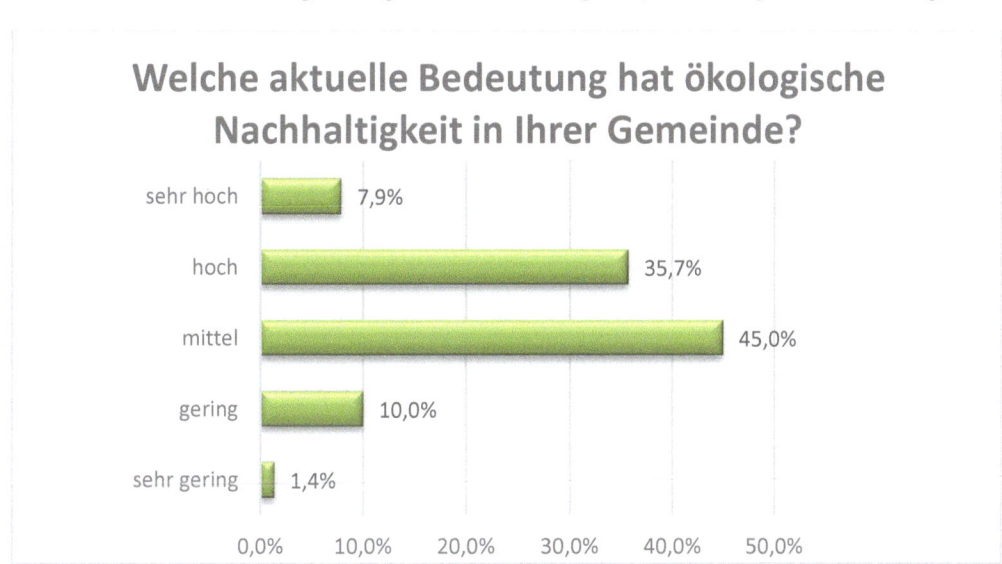

In Zukunft wird nach vorliegender Auswertung ökologische Nachhaltigkeit zu 56,8% mehr Bedeutung haben. 41% geben an, die Bedeutung bleibt gleich und 2,2 % meinen, ökologische Nachhaltigkeit wird weniger Bedeutung haben. Verwaltung und Politik liegen in der Meinung zu weniger Bedeutung annähernd gleich auf. Unterschiede ergeben sich in der gleichen Bedeutung ökologischer Nachhaltigkeit. Hier votiert die Verwaltung mit 46%, im Vergleich die Politik mit 28,2%. Mehr Bedeutung im Themenbereich sehen die PolitikerInnen mit 69,2%, die Bediensteten mit 52%.

Tab. 10: Zukünftige Bedeutung ökologischer Nachhaltigkeit (Quelle: eigene Darstellung)

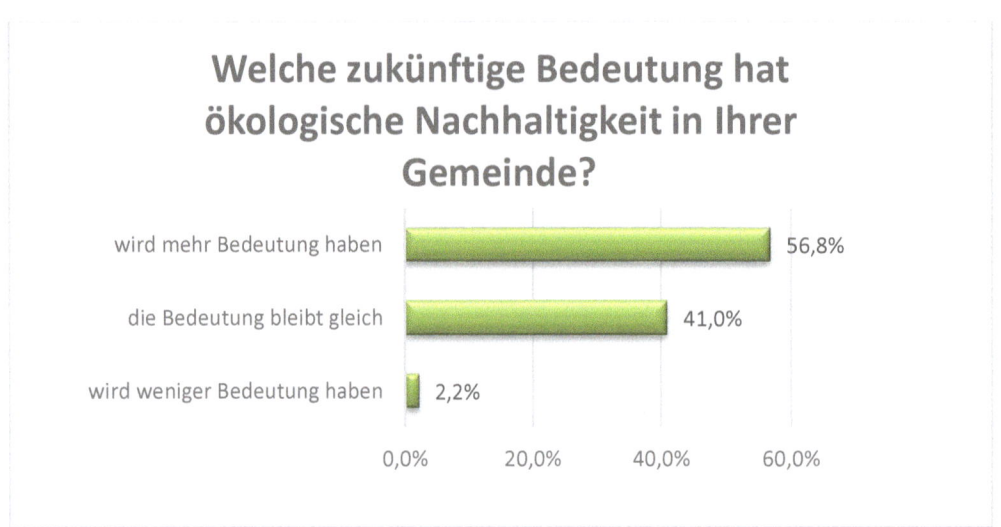

Weiter wurde die Frage gestellt, auf welchen Bereich ökologische Nachhaltigkeit eine direkte Wirkung hat. 81,3% sehen eine direkte Wirkung auf die Umwelt. Mit 57,6 % rangiert der Bauhof vor dem Gemeindeamt mit 54%, auf Platz 4 folgen die Privathaushalte mit 53,2%. Auf gemeindeeigene Betriebe empfinden 51,1% eine direkte Wirkung, auf klassische Unternehmen 19,4%. Unterschiede in der Meinungsäußerung gibt es hier bei dem Punkt Umwelt (Politik 87,2%, Verwaltung 79%). Im Bereich des Bauhofes sehen die Bediensteten 62 % eine direkte Wirkung, die Politik sieht dies mit 46,15%. Bei dem Themenbereich Gemeindeamt geht die Meinung weit auseinander: Sehen die Politiker zu 33,3% eine Wirkung, nimmt die Verwaltung diese mit 62 % an.

Tab. 11: Wirkung ökologischer Nachhaltigkeit (Quelle: eigene Darstellung)

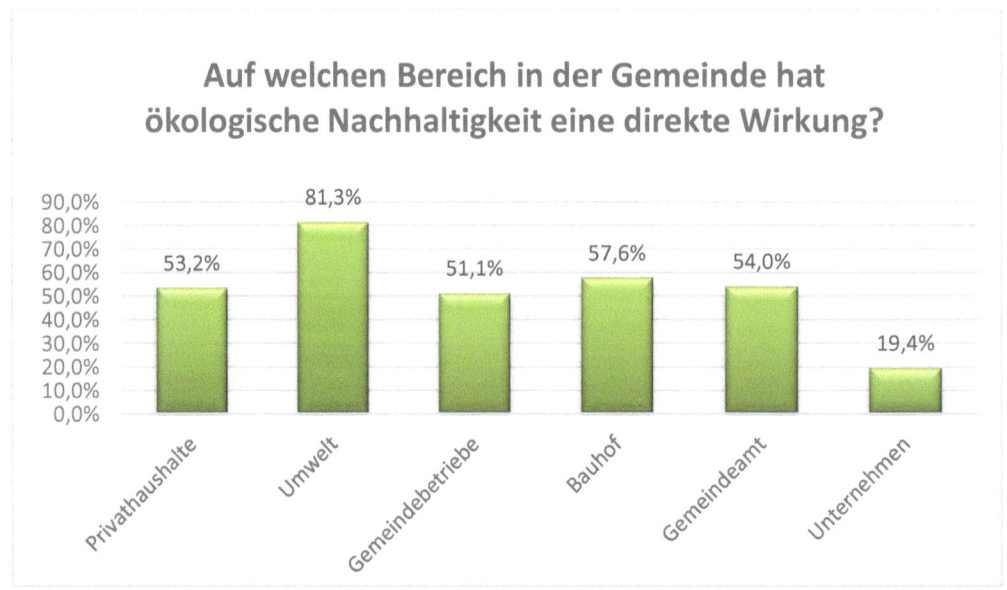

Wichtigster Begriff in Bezug auf ökologische Nachhaltigkeit ist mit 85,7% die Energieeinsparung. Die Verwendung erneuerbarer Energien belegt mit 78,6% aller Befragten Platz zwei vor der Reduzierung der CO^2-Emmision mit 67,1%. Auffassungsunterschiede haben PolitikerInnen bei der ökologischen Beschaffung, die diese mit 48,7% zu 32,7% der Verwaltung gewählt haben. Die Politik sieht die Optimierung des Abfallwirtschaftssystems mit 46,2% als wichtig, Beamte und Vertragsbedienstete mit 37,6%, wobei die Verwaltung Abfallvermeidung mit 68,3% unterstützt, sehen PolitikerInnen zu 61,5% die Wichtigkeit dieses Begriffes.

Tab. 12: Wichtige Begriffe ökologischer Nachhaltigkeit (Quelle: eigene Darstellung)

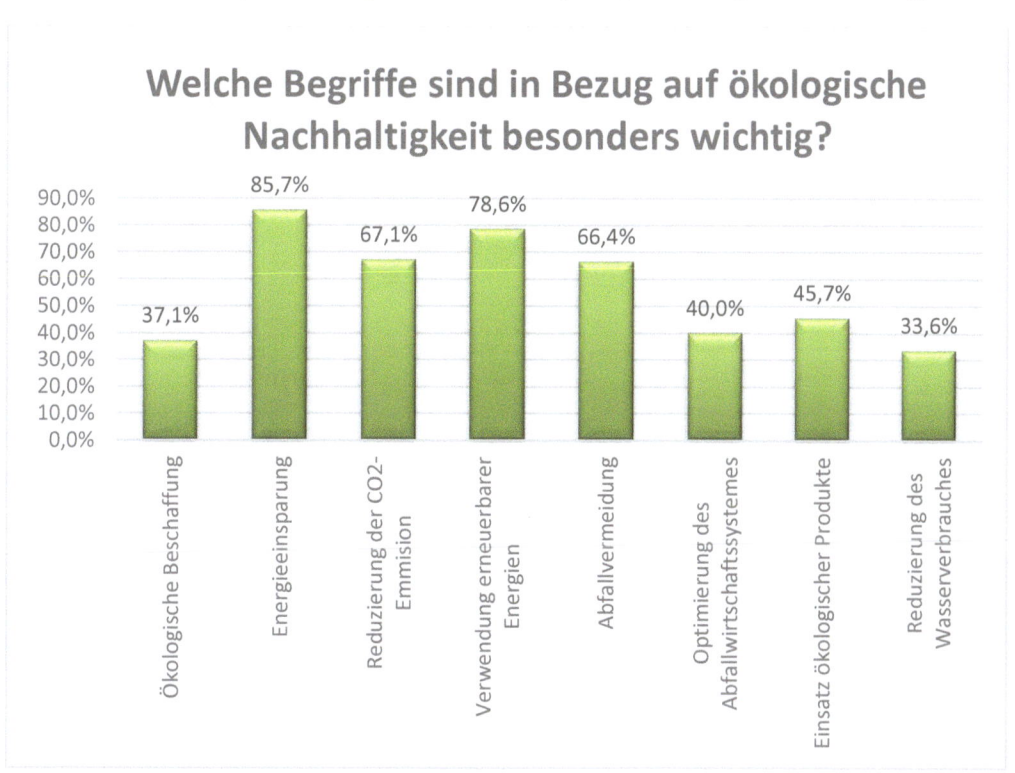

Ein klares Ergebnis bringt die Frage, ob die an der Erhebung teilnehmenden Gemeinden in Zukunft mehr in ökologische Nachhaltigkeit investieren möchten. 79% aller Befragten sprechen sich für mehr Investitionen aus, 21% dagegen. Zerteilt man dieses Ergebnis wiederum in PolitikerInnen und Bedienstete, so sind 92,3% der Mandatare dafür, mehr Geld in die Hand zu nehmen. Seitens der Verwaltung sprechen sich 73,7% für mehr Investitionen aus. Dagegen treten 7,8% der PolitikerInnen auf. Schon deutlich mehr, nämlich 26,3% sprechen sich bei den Bediensteten gegen mehr Geldfluss in ökologische Nachhaltigkeit aus.

Tab. 13: Investition in ökologischer Nachhaltigkeit (Quelle: eigene Darstellung)

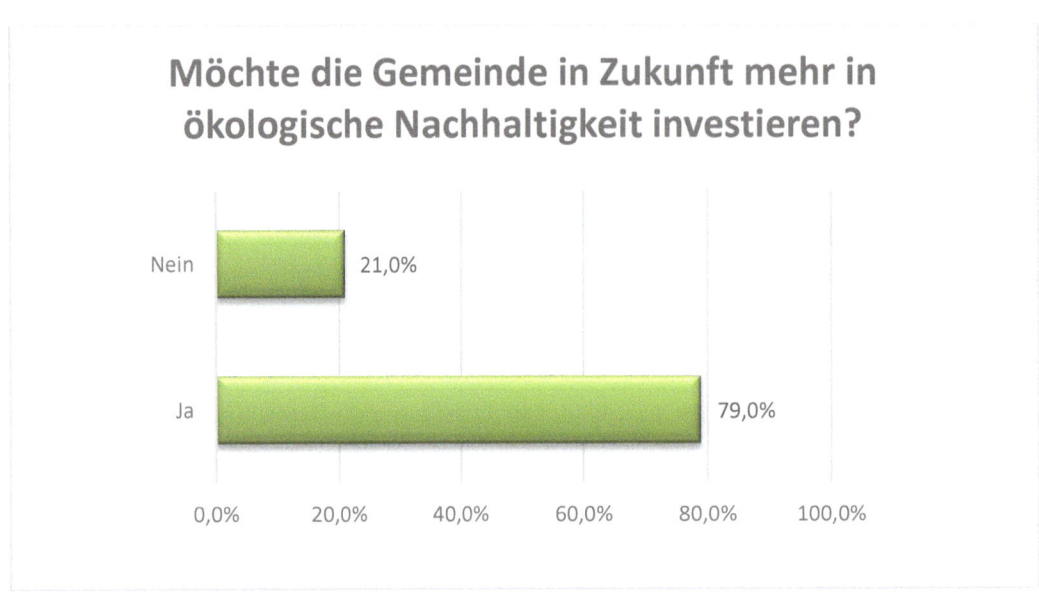

Durch die hohe Bereitschaft der Mehrinvestition im Bereich der ökologischen Nachhaltigkeit, stellt sich die Frage, mit welcher Organisation die Gemeinde zusammenarbeitet bzw. von wem sie unterstützt wird. In der Tabelle 14 ist mit 84,3% die Energieberatung NÖ ganz klar Spitzenreiter. Gibt es zwischen Verwaltung und Politik in einigen Punkten Übereinstimmung, so sticht das Ergebnis des nachhaltigen Beschaffungsservice ins Auge. Dieses sehen 3,9% der Bediensteten als Partner, politisch arbeiten 12,8% mit dem Beschaffungsservice zusammen. RADLAND NÖ wird seitens der Verwaltung mit 49,5% als Partner einbezogen, die Politik tut dies vergleichsweise zu 28,2%.

Tab. 14: Zusammenarbeit mit Partnern (Quelle: eigene Darstellung)

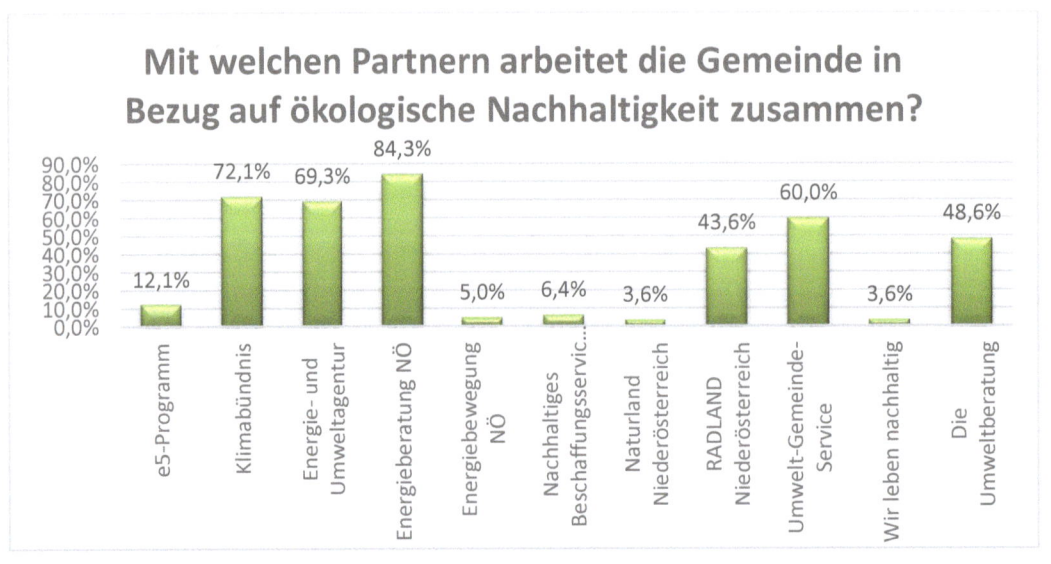

Durch die Zusammenarbeit mit Partnern auf verschiedenen Ebenen wurde weiter erhoben, wer aus der Politik die personelle Verantwortung für ökologische Nachhaltigkeit trägt. Die Gesamtauswertung gibt zu 81,2% dem/der Umweltgemeinderat/-rätin die Verantwortung, gefolgt von dem/der Bürgermeister/in mit 60,1%. Mit 38,4% wird auch den geschäftsführenden Gemeinderäten/innen bzw. den Stadträten/innen ein beachtlicher Anteil an der Verantwortung zugeschrieben. Die Politiker selbst sehen die Verantwortung zu 66,7% bei dem/der Bürgermeister/in, zu 51,3% bei den geschäftsführenden Gemeinderäten/innen und zu 79,5% bei dem/der Umweltgemeinderat/-rätin. Die Verwaltung lehnt ihre Meinung am Gesamtergebnis an.

Tab. 15: Personelle Verantwortung für ökologische Nachhaltigkeit (Quelle: eigene Darstellung)

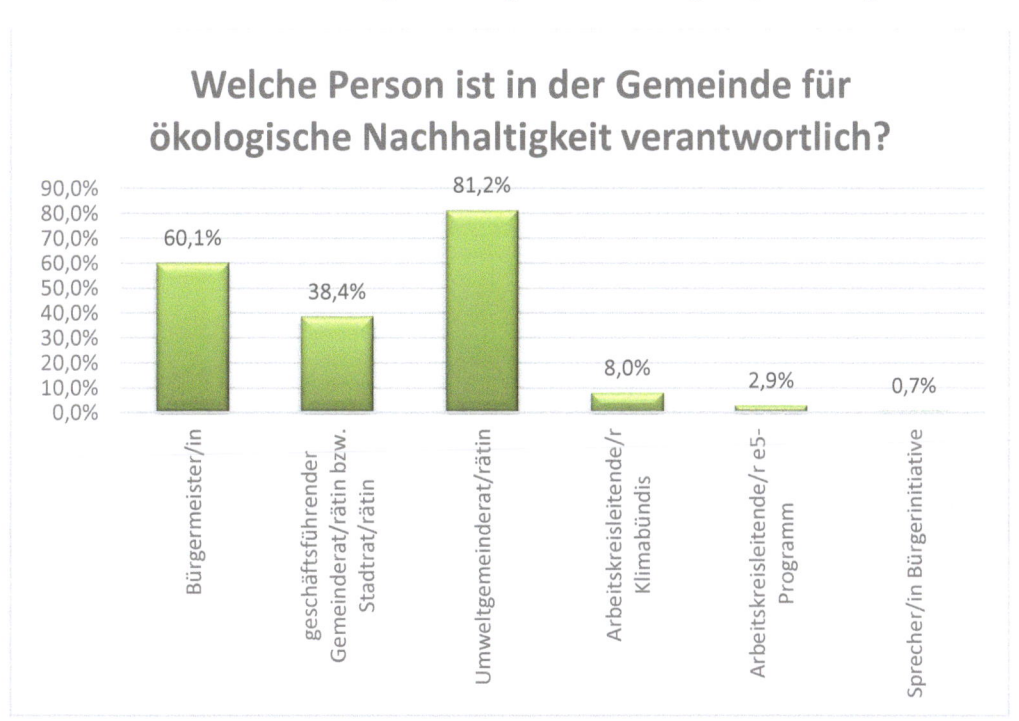

Neben der personellen Verantwortung ist es durchaus wichtig, in welchem Gremium über ökologische Nachhaltigkeit entschieden wird. Gesamt betrachtet ist hier der Gemeinderat mit 86,4% an der Spitze. Der Gemeindevorstand bzw. Stadtrat wird mit 62,1% als entscheidendes Gremium genannt. Mit 19,3% wird das Gemeindereferat bzw. der zuständige Ausschuss gesehen. Während in der Gesamtauswertung dieser Frage ein Arbeitskreis mit 7,9% aufzeigt, sieht die Verwaltung diesen mit 4,9% als Entscheidungsträger. Die Politik nimmt den Arbeitskreis mit 15,4% wichtiger als das Gesamtergebnis bzw. das Ergebnis der Verwaltung. Am wenigsten Einfluss in allen Bereichen wird in ähnlicher Höhe dem/Sprecher/in einer Bürgerinitiative eingeräumt.

Tab. 16: Entscheidende Gremien betreffend ökologische Nachhaltigkeit (Quelle: eigene Darstellung)

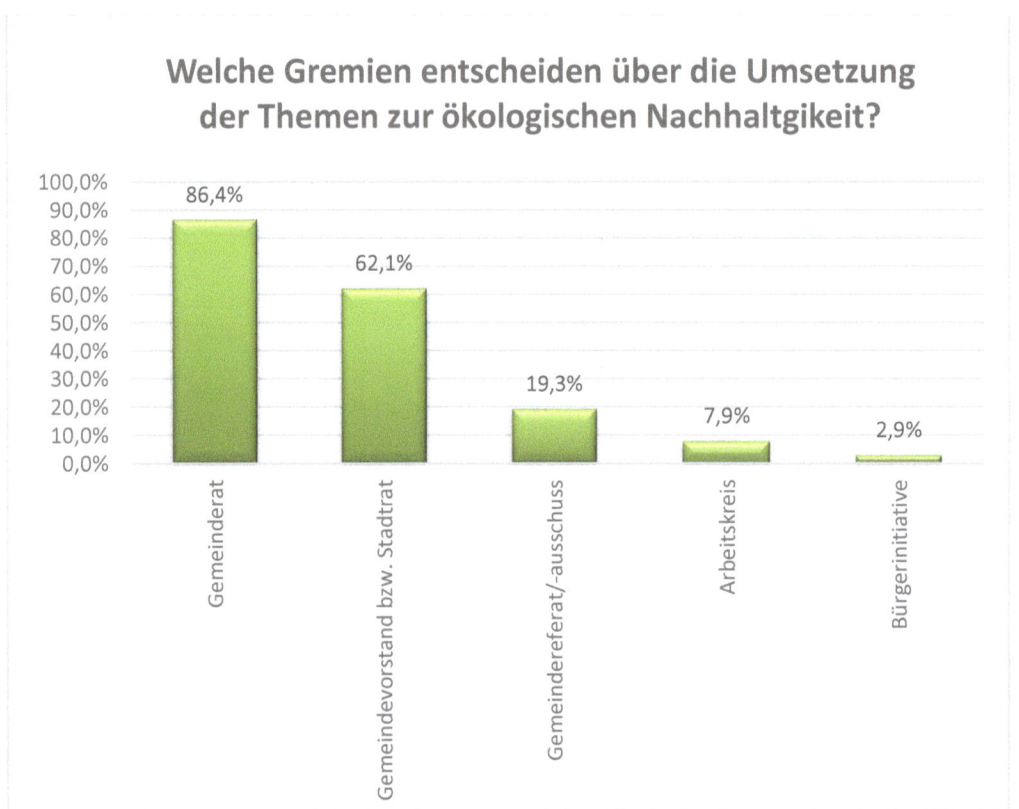

Im weiteren Schritt wird erfragt, welche Personen die Umsetzung von ökologischer Nachhaltigkeit beeinflussen. Im Gesamtergebnis liegen der/die Bürgermeister/in mit 76,4% und der Umweltgemeinderat/die Umweltgemeinderätin mit 65% vorne. Von 40,7% wird der/die zuständige/r Landesrat/-rätin als beeinflussend wahrgenommen. Zwischen dem Gemeinderat als Gremium in der Größe von 37,9% und dem NÖ Landtag mit 33,6% wird der Landeshauptmann mit 35% als einflussreich wahrgenommen. Auch Einzelpersonen aus der Bevölkerung tragen mit 27,9% beeinflussend bei. Ähnlich sieht diese Ergebnisse in Tabelle 17 die Seite der Verwaltung. Die Politik erwähnt den Landeshauptmann mit 43,6% und den Bürgermeister mit 84,6% mehr. Den Gemeinderat als Kollektiv sehen die MandatarInnen mit 43,6% einflussreicher als der öffentliche Dienst. Weniger beeinflussend wirkt mit 59% seitens der PolitikerInnen die Person des Umweltgemeinderats/der Umweltgemeinderätin. Mehr Einfluss wiederum attestieren die Volksvertreter den Arbeitskreisen mit 20,5% und der Einzelperson aus der Bevölkerung mit 33,3%. Der Einfluss der/des Landtagsabgeordneten/abgeordneter wird gesamt in der Höhe von 13,6% beurteilt, die Politik selbst sieht diesen Wert bei 12,8%, die Bediensteten leicht höher bei 13,9%.

Tab. 17: Personen die ökologische Nachhaltigkeit beeinflussen (Quelle: eigene Darstellung)

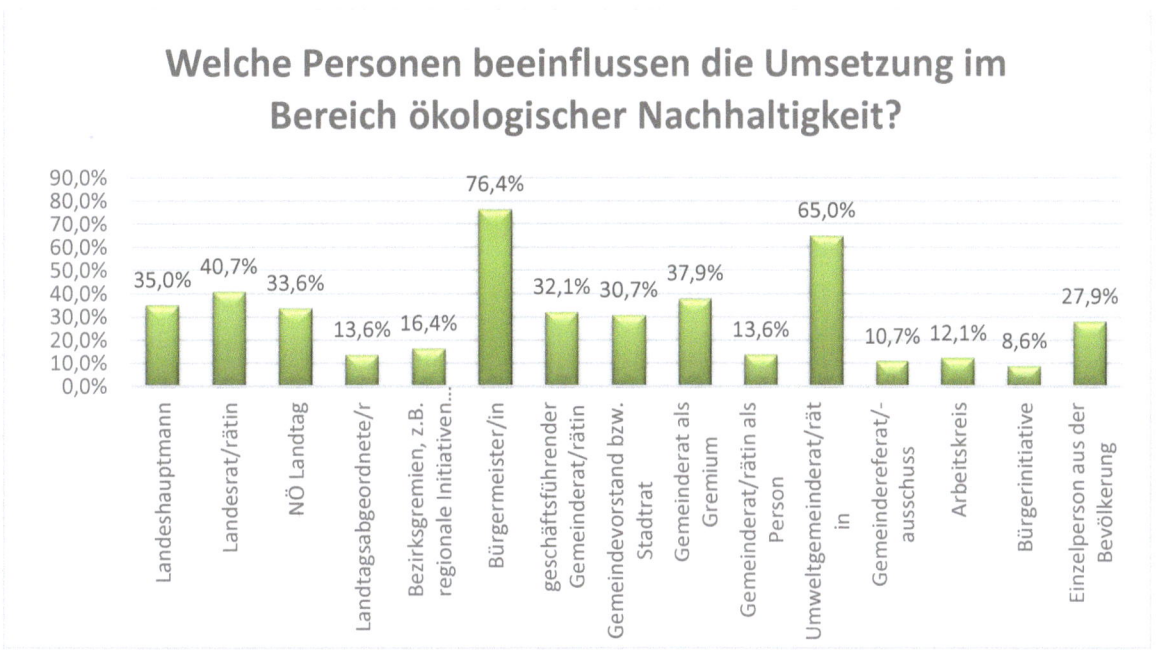

Nach den politischen Gremien und FunktionärInnen folgt die Befragung, wie wichtig ökologische Nachhaltigkeit in der Bevölkerung ist. 5,7% aller Befragten sehen das Thema als sehr wichtig an. Eine große Mehrheit der Befragten meint mit 67,1%, dass der Bürger/die Bürgerin ökologische Nachhaltigkeit für wichtig ansieht. Den EinwohnerInnen der Gemeinden wird zu 20,7% Themenneutralität unterstellt, 6,4% sollen Nachhaltigkeit als weniger wichtiger und keiner als unwichtig bemerken. Die Verwaltung reiht sich mit ihrer Meinung im Gesamtergebnis ein, die Politik sieht mit 7,7% bei *sehr wichtig* und mit 69,2% bei *wichtig* einen leicht höheren Stellenwert ökologischer Nachhaltigkeit.

Tab. 18: Ökologische Nachhaltigkeit als Thema in der Bevölkerung (Quelle: eigene Darstellung)

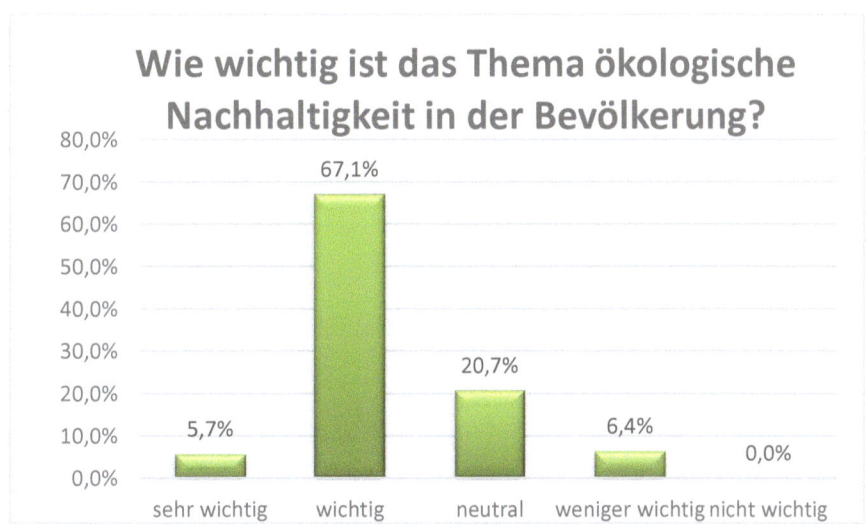

5.3.2 Darstellung der Studienergebnisse zum Themenbereich Green Controlling

Die Darstellung der vorangegangenen Erhebungsergebnisse führt weiter in die Messung und die Beobachtung von ökologisch nachhaltigen Maßnahmen mit Hilfe von Green Controlling. In Tabelle 18 wird die Frage nach dem Bekanntheitsgrad von Green Controlling gestellt. Die Fragestellung wird durch die Erklärung ergänzt: *Green Controlling ist eine Form des Controllings, das ökologische Nachhaltigkeit in einer Organisation beobachtet. Wird z.B. ein Fuhrpark von Diesel- auf Elektrofahrzeuge umgestellt, werden neben der ökonomischen auch die ökologischen Auswirkungen gemessen.*

Das Gesamtergebnis gibt klar zu erkennen, dass Green Controlling zu 69,3% nicht bekannt ist, knapp ein Drittel der Befragten, genau 30,7%, kennt den Begriff. Im Vergleich dazu ist Green Controlling bei PolitikerInnen mit 38,5% mehr bekannt, im Verwaltungsbereich mit 27,7% Prozent weniger. Damit kennen Beamte und Vertragsbedienstete Green Controlling weniger gut als die PolitikerInnen.

Tab. 19: Bekanntheitsgrad Green Controlling (Quelle: eigene Darstellung)

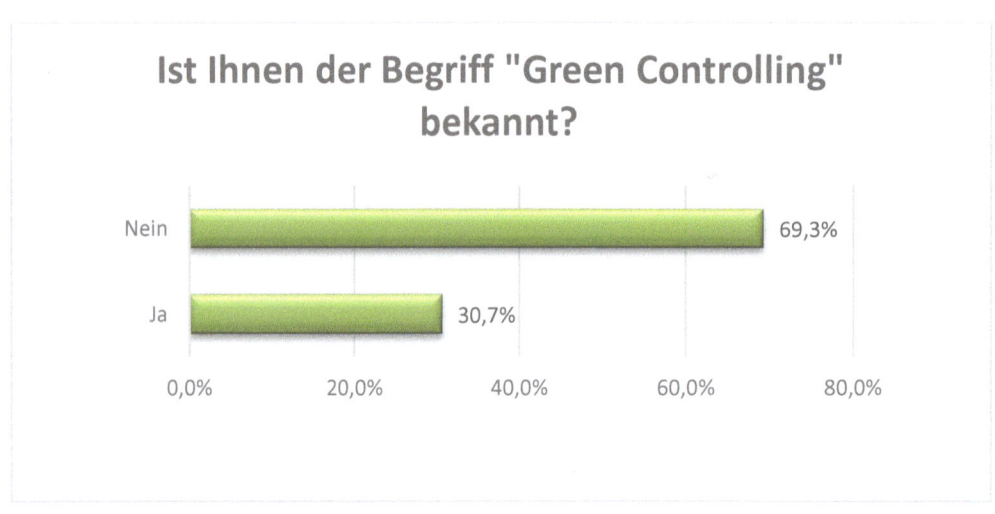

Die Situation des Bekanntheitsgrades leitet auf die Frage über, ob ökologische Nachhaltigkeit in der Gemeinde anhand Green Controlling beobachtet wird. 81,4% antworten darauf mit Nein. Im direkten Vergleich sieht der öffentliche Dienst mit 19,8% eine häufigere Anwendung von Green Controlling als die Politik mit 15,4%.

Tab. 20: Beobachtung durch Green Controlling (Quelle: eigene Darstellung)

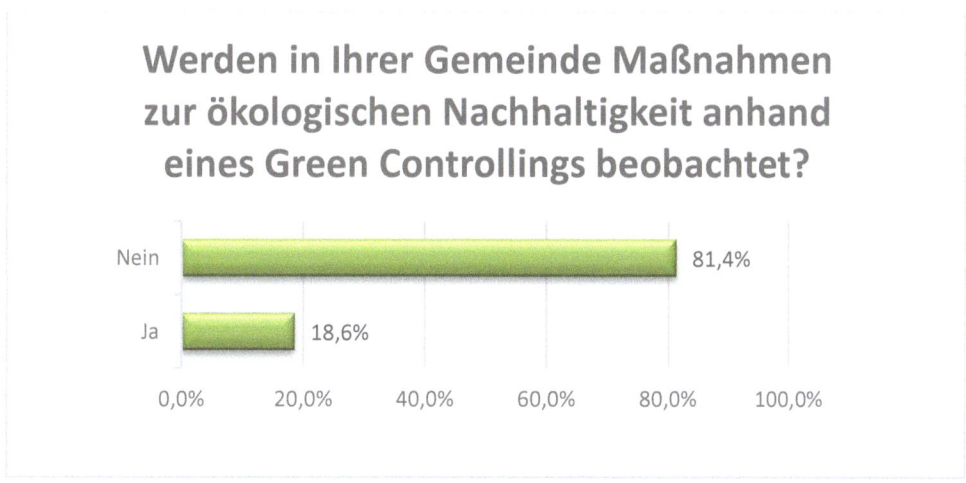

In der folgenden Tabelle 21 wurde gefragt, welche der vier Strategietypen des Green Controllings in den Kommunen bekannt sind. Zur Vereinfachung der Fragestellung wurden die Strategietypen erklärt und wie folgt beantwortet:

- Schlussgruppe, d.h. Erfüllung der gesetzlichen Mindestkriterien – 10,9%
- Mittelfeld, d.h. Nachhaltigkeit wird bereits thematisiert – 19,7%
- Spitzengruppe, d.h. es besteht eine nachhaltige Strategie – 6,6%
- Vorreiter, d.h. alle Abläufe in der Gemeinde sind komplett nachhaltig ausgerichtet – 5,1%
- Keinen der angegebenen Strategietypen – 71,5%

Tab. 21: Bekanntheitsgrad der Strategietypen (Quelle: eigene Darstellung)

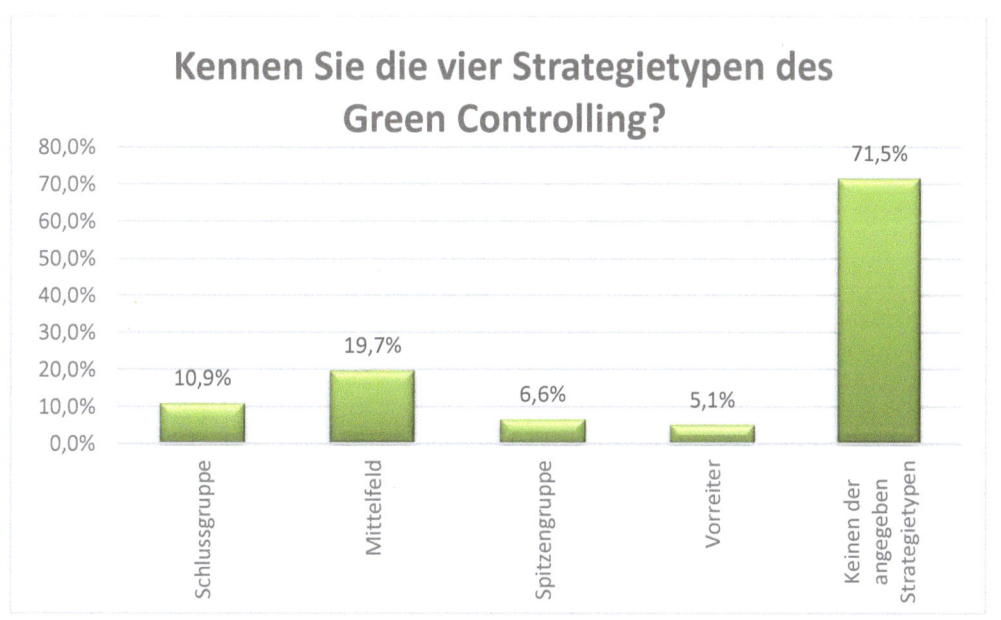

Die Einreihung der Gemeinden in die einzelnen Strategietypen erfolgt so, dass 17,4% die Schlussgruppe wählten, 34,8% das Mittelfeld und 8,7% die Spitzengruppe. 1,4% sehen sich als Vorreiter, 37,7% konnten keine Einreihung finden. Unterschiede gab es beim Thema Schlussgruppe, für die sich der öffentliche Dienst mit 14% entscheidet, die Politik 26,3%. Als Vorreiter wollten die Verwaltung ihre Gemeinden gar nicht einreihen, die Mandatare zumindest mit 5,3%. Beamte und Vertragsbedienstete finden zu 26,3%, PolitikerInnen zu 42% keinen Strategietyp.

Tab. 22: Einreihung in den Strategietyp (Quelle: eigene Darstellung)

Anschließend soll die Frage nach der Kenntnis der Instrumente des Green Controllings geklärt werden. Während EFQM und der Sustainability Value Report mit 2,2% wahrgenommen werden, reiht sich die SBSC mit 6,6% ein. Die Szenarioanalyse ist mit 7,4%, die ABC Analyse mit 11,8% bekannt. Einem breiteren Kreis sind ökologische Indikatoren in der Größenordnung mit 22,1% bekannt. Am bekanntesten aber sind ökologische Kennzahlen. Sie werden mit 39% wahrgenommen. 55,9% aller Befragten kennen keine Instrumente des Green Controllings.

Bei Politik und Verwaltung gibt es unterschiedliche Beantwortungen. Kennen 61,2% der Bediensteten keine Instrumente des Green Controllings, trifft das auf PolitikerInnen mit 42,1% zu. In der Abfrage ist zu erkennen, dass Mandatare und Mandatarinnen mehr Kenntnis über jedes einzelne Instrument haben als die Verwaltung.

Tab. 23: Anwendung der Instrumente des Green Controllings (Quelle: eigene Darstellung)

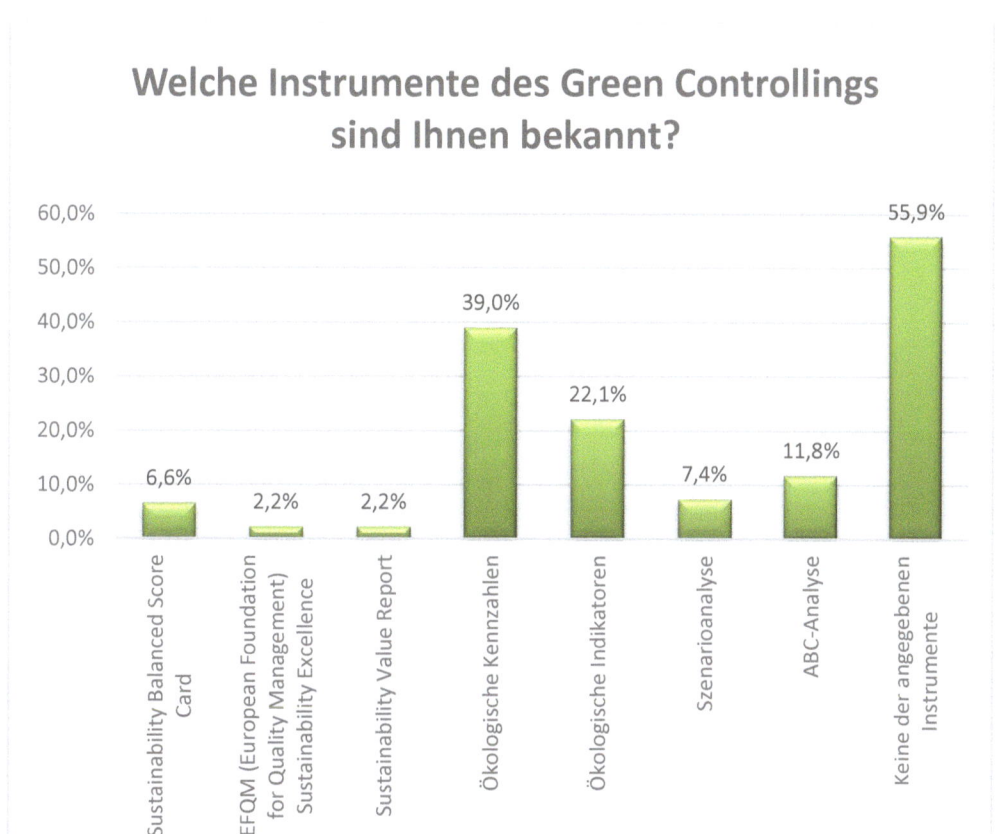

Nach der Bekanntheit der Instrumente des Green Controllings wird auch ihre Anwendung hinterfragt. 73,7% der Kommunen wenden kein Instrument an, auch EFQM wird nicht verwendet. Verschwindend gering mit jeweils 0,7% werden die SBSC und der Sustainability Value Report gebraucht. Die Szenarioanalyse mit 2,9% und die ABC-Analyse mit 4,4% werden sparsam angewendet. Ökologische Indikatoren mit 11,7% und Ökologische Kennzahlen mit 21,9% sind die am meisten angewendeten Instrumente des Green Controllings.

Aus dem Blickwinkel der Politik werden ökologische Indikatoren mit 18,4% verwendet, die Verwaltung greift auf diese zu 9,1% zurück. Ökologische Kennzahlen sind im öffentlichen Dienst mit 19,2% in Gebrauch, in der Politik mit 29%. Die Frage nach der Verwendung der Instrumente warf sonst keine nennenswerten Unterschiede zwischen den beiden Gruppen auf. Abschließend ist zu erwähnen, dass 31,6% der PolitikerInnen häufiger Instrumente des Green Controllings anwenden als Beamte und Vertragsbedienstete. In dieser Gruppe wurde eine Anwendung von 24,2% der Befragten festgestellt.

Tab. 24: Anwendung der Instrumente des Green Controllings (Quelle: eigene Darstellung)

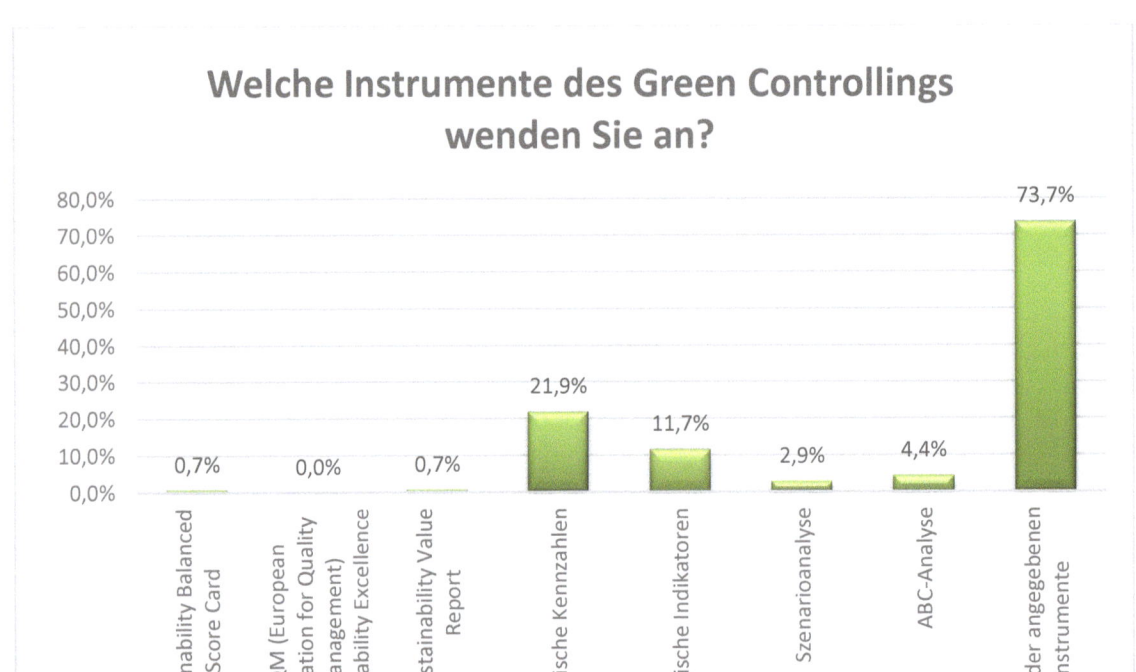

In Anschluss an die Anwendung von Green Controlling wird die Frage gestellt, ob man für eine Implementierung des Green Controllings in der Gemeinde ist. 56,3% sagen dazu nein. Die Verwaltung steht einer Implementierung mit 40,2% entgegen, die Politik ist mit 52,6% mehrheitlich für eine Anwendung von Green Controlling.

Tab. 25: Implementierung des Green Controllings in der Gemeinde (Quelle: eigene Darstellung)

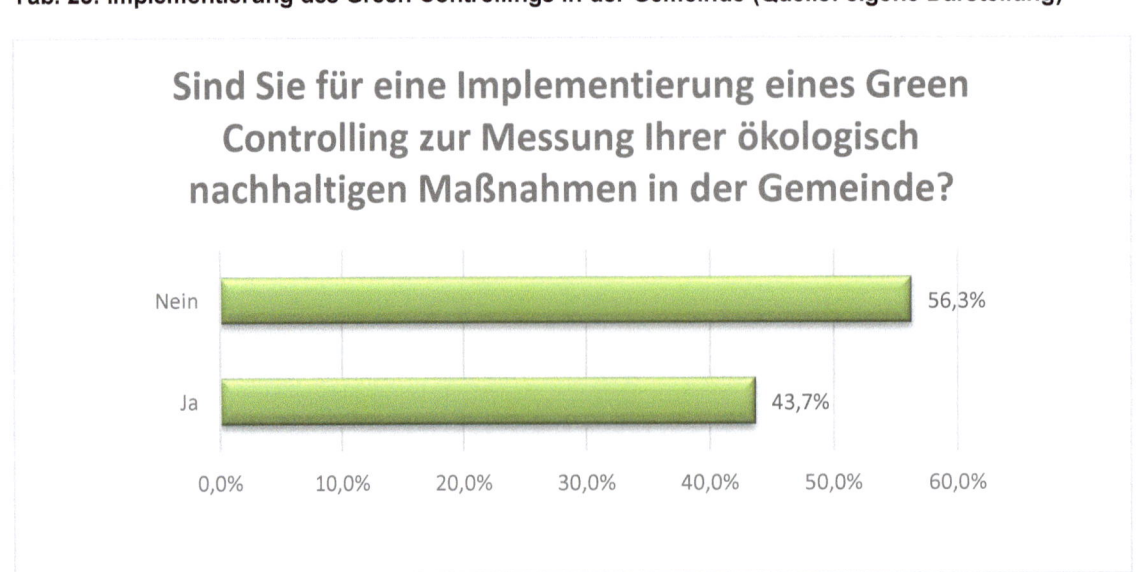

Bei der Implementierung von Green Controlling sehen 59,9% aller Befragten die Herausforderung bei zu wenig Personal. 51,8% meinen, dass Green Controlling ein zu hoher Zeitaufwand ist. Ausbildungsbedarf bei dem Personal sehen 43,8%. Als Herausforderungen nehmen 32,8% die Akzeptanz der politischen EntscheidungsträgerInnen wahr. Jeweils mit 27,7% wird die Bereitschaft der handelnden Personen in der Buchhaltung und die Implementierung in die Gemeindebuchhaltung als Problem angenommen. 25,5% empfinden die Akzeptanz in der Bevölkerung als herausfordernd, lediglich 8,8% verspüren keine Herausforderung bei der angesprochenen Implementierung.

Sind sich Politik und Verwaltung in den Punkten *Akzeptanz der Bevölkerung*, *zu hoher Zeitaufwand* und *keine Herausforderung* im Grunde einig, sehen die VolksvertreterInnen mit 47,4% eine größere Herausforderung in der Bereitschaft der handelnden Personen in der Buchhaltung (Verwaltung mit 20,2%). Die Politik sieht mit 52,6% zu 62,6% der Verwaltung geringere Probleme beim Personaleinsatz. Ebenso in der Frage der Ausbildung ist die Politik mit 36,84% positiver gestimmt als die Verwaltung mit 46,5%. Während die Bediensteten die Implementierung in die Buchhaltung mit 30,3% als Herausforderung ansehen, sind das bei den MandatarInnen 21,1%. Umgekehrt empfinden PolitikerInnen mit 39,5% eine größere Aufgabe in der Akzeptanz der Politik selbst, die Verwaltung ist hier mit 30,3% positiver.

Tab. 26: Herausforderungen bei der Implementierung des Green Controllings (Quelle: eigene Darstellung)

Unterstützung bei der Implementierung erwarten die Kommunen mit 73,1% am meisten vom Land Niederösterreich. Mit 53% folgt die Energieberatung NÖ und die Energie- und Umweltagentur mit 47,8%. Hilfe wird weiter zu 40,3% von dem Klimabündnis und zu 32,8% von dem Gemeinde-Umwelt-Service erwartet. 24,6% sehen Unterstützung seitens der Umweltberatung, 15,7% seitens der Verantwortlichen des e5-Programmes. Mit 8,2% belegt die Energiebewegung den vorletzten Platz, mit 2,2% erhält *Wir leben nachhaltig* den letzten Platz der bestehenden Unterstützer. Eine neue Organisation zur Mithilfe einer Implementierung von Green Controlling in der Gemeinde wünschen sich 9,7%.

Mit 76% baut die Verwaltung auf mehr Unterstützung seitens des Landes als die Politik mit 65,8%. Das e5-Programm empfinden 26,3% der Mandatare/-innen hilfreicher als die Bediensteten mit 11,5%. Vom Klimabündnis erwarten 50% der PolitikerInnen und 36,5% der Verwaltung Unterstützung. 44,8% der Bediensteten setzen auf die Hilfsbereitschaft der Energie- und Umweltagentur, bei den VolksvertreterInnen sind das 55,3%. Die Politik erwarte zu 15,8%, die Verwaltung zu 5,2% Unterstützung der Energiebewegung NÖ. *Wir leben nachhaltig* wird seitens der Politik mit 5,3% unterstützend gesehen (Verwaltung 1%). Eine neue Organisation zur Unterstützung wünschen PolitikerInnen zu 15,8% und Bedienstete zu 7,3%. Die Erwartungshaltung beider Gruppen ist bei den Organisationen *Energieberatung NÖ*, *Umwelt-Gemeindeservice* und *Umweltberatung* ähnlich.

Tab. 27: Unterstützung durch Organisationen bei der Implementierung (Quelle: eigene Darstellung)

Von welcher Organisation erwarten Sie Unterstützung bei der Implementierung eines Green Controllings?

Organisation	Prozent
Land Niederösterreich	73,1%
e5-Programm	15,7%
Klimabündnis	40,3%
Energie- und Umweltagentur	47,8%
Energieberatung NÖ	53,0%
Energiebewegung NÖ	8,2%
Umwelt-Gemeinde-Service	32,8%
Wir leben nachhaltig	2,2%
Die Umweltberatung	24,6%
Neue Organisation für den Bereich Green Controlling	9,7%

5.3.3 Ergebnisse der offenen Fragestellung zur abschließenden Frage 27

In der offenen Fragestellung am Ende des Fragebogens wurden die Teilnehmenden gebeten, weitere Meinungen zu dem angeführten Themenbereich abzugeben. Zehn Antworten kamen aus diesem Bereich zusammen, die nachfolgend im Originaltext zitiert werden. Die Interpretation der Antworten erfolgt, soweit für die vorliegende Arbeit relevant, unter dem Punkt 6. Diskussion und Schlussfolgerung.

Offene Frage Antwort 1:

Gerne können sich Verwaltungen neben der Kernkompetenz mit vielen Gesichtspunkten der Politik befassen. Neben dem ökologischen Gedanken stehen Aufgaben, die aus dem Gendern entstehen, im Spannungsfeld mit der wirtschaftlichen sparsamen Führung einer Kommune den der Gesetzgeber fordert und welche vom Rechnungshof immer wieder geprüft wird!

Offene Frage Antwort 2:

Wie immer braucht man auch die finanziellen Ressourcen dazu!?!?

Offene Frage Antwort 3:

Als EMAS-zertifizierte Gemeinde haben wir seit 2002 ein eigenes Kontrollnetz mit Umweltbeauftragten und EMAS-Systembeauftragten und arbeiten u.a. sehr stark mit dem TÜV und externen Auditoren.

Offene Frage Antwort 4:

Ich halte es für sinnlos schon wieder etwas einführen zu wollen, bei dem man irgendwelche Listen ausfüllen bzw. Daten erheben muss, die man in eine Tabelle einträgt, um dann in einer Schreibtischschublade zu verschwinden, weil das kein Mensch braucht ... Viele Dinge im ökologischem Bereich sind heute gottlob schon Standard, aber nicht [sic!] weil sie Teil eines Controlling Systems sind, sondern weil sie sinnvoll sind ... [sic!]

Offene Frage Antwort 5:

Die Marktgemeinde Sigmundsherberg setzt sich sehr für die Errichtung von Windkraftanlagen ein. Auch werden die dafür geeigneten Gemeindehäuser mit PV-Anlagen ausgestattet.

Offene Frage Antwort 6:

Bislang waren in dieser Gemeinde keine Aktivitäten für Umwelt und Erneuerbare Energie möglich, obwohl bei einzelnen Personen bereits bei --2008-- Güssing bereits besucht wurde und Ausbildungen ansolviert [sic!] wurden.

Offene Frage Antwort 7:

es [sic!] gibt bei den Organisationen, mit denen wir zusammenarbeiten, nicht die Möglichkeit, "keine" anzugeben. Bei wesentlichen Dingen, wie die Errichtung von Fotovoltaikanlagen, Stromspeichern, Umstellung der Straßenbeleuchtung auf LED, Abfallbehandlung, Deponie, Kompostierungsanlage, Wasserversorgung, Abwasserbeseitigung und ähnlichem arbeiten wir mit keiner Organisation zusammen.

Offene Frage Antwort 8:

Als relativ kleine Gemeinde tun wir ohnehin, was wir können.

Offene Frage Antwort 9:

Keine neuen Organisationen, wenn doch dann nicht zentral [sic!].

Offene Frage Antwort 10:

Grundsätzlich wäre es wünschenswert, wenn hier die richtigen Schlüsse von der EU bzw. der Bundesregierung gezogen würden. Ein Hauptproblem der Umsetzung ist die voreilige Schaffung von Regelungen und Gesetzen: Danach wird erst nachgedacht, wer das finanzieren soll. In der Abfallwirtschaft läuft vieles schief, wie kann es sein, dass mit hohem Energieeinsatz hergestellte Verpackungsmaterialien nicht wiederverwertet werden und mit hohem Energieeinsatz in der Verbrennungsanlage enden - das sind Herausforderungen, die man aber nicht ökonomisch bewerten kann, das muss es dem Staat und der Gesellschaft wert sein.

6. Diskussion und Schlussfolgerung

Anschließend an die Darstellungen der Erhebung werden in diesem Kapitel die Interpretation der Studienergebnisse und die Erkenntnisse der Forschungsarbeit behandelt. Die Punkte dienen dem konzeptionellen Bezugsrahmen folgend zur Beantwortung der Forschungsfrage.

6.1 Interpretation der Studienergebnisse

Die Leitfrage der vorliegenden Arbeit war, welche Bedeutung Green Controlling in Niederösterreich hat. Dazu ist festzustellen, dass 30,7%, also fast ein Drittel der befragten Gemeinden ein Green Controlling kennt. Scheint das auf den ersten Blick wenig zu sein, ist zu bemerken, dass bei einem derartig jungen Thema der angeführte Bekanntheitsgrad beachtlich ist. Auch die weiteren Beantwortungen zu dem vorliegenden Themenbereich zeigen auf, dass nicht nur mehr über nachhaltige Entwicklung, sondern auch deren Beobachtung nachgedacht wird.

Die Gemeinden selbst kommentieren in der Beantwortung der Schlussfrage die Bedeutung unterschiedlich. Eine Aussage, die mit Sicherheit auf weitere Kommunen umgelegt werden kann, betrifft die entstehenden Kosten eines Green Controllings. Es wird gefordert, dass zuerst ein praktikables System für ein Green Controlling erstellt wird, und dann erst ein dementsprechendes Gesetz beschlossen wird. Die Sorge dahinter ist, dass durch einen Schnellschuss des Gesetzgebers auf die Finanzierbarkeit nicht geachtet wird. Das ist nachvollziehbar, da auch in Niederösterreich budgetär eingespart wird und vielerorts mit knappen Ressourcen ausgekommen werden muss. Durch den Einsatz von unausgereiften Gesetzen, die ja auf der Gemeindeebene bedingungslos umgesetzt werden müssen, entsteht aber wieder der Bedarf an mehr Personal. Das erzeugt Kosten sowohl in der Neubesetzung einer Stelle, als auch in der Auslagerung an ein externes Unternehmen.

Die erste Subfrage der Forschung beschäftigt sich damit, welche Gemeinden in Niederösterreich Green Controlling anwenden. 18,6% der befragten Gemeinden gaben die Antwort, Green Controlling einzusetzen. Im direkten Vergleich sieht der öffentliche Dienst mit 19,8% eine häufigere Anwendung von Green Controlling als die Politik mit 15,4%. Positiv stimmt, dass ein knappes Fünftel aktiv nachhaltige Maßnahmen beobachtet und misst. Dies führt auch gleich zur nächsten Subfrage, die sich damit beschäftigt hat, wie Green Controlling in den Gemeinden angewendet wird.

73,7% der Kommunen wenden kein Instrument an, auch EFQM wird nicht verwendet. Verschwindend gering mit jeweils 0,7% werden die SBSC und der Sustainability Value Report gebraucht. Die Szenarioanalyse mit 2,9% und die ABC-Analyse mit 4,4% werden sparsam angewendet. Ökologische Indikatoren mit 11,7% und Ökologische Kennzahlen mit 21,9% sind die am meisten angewendeten Instrumente des Green Controllings.

Aus dem Blickwinkel der Politik werden ökologische Indikatoren mit 18,4% verwendet, die Verwaltung greift auf diese zu 9,1% zurück. Ökologische Kennzahlen sind im öffentlichen Dienst mit 19,2% in Gebrauch, in der Politik mit 29%. Die Frage nach der Verwendung der Instrumente warf sonst keine nennenswerten Unterschiede zwischen den beiden Gruppen auf. Abschließend ist zu erwähnen, das 31,6% der PolitikerInnen häufiger Instrumente des Green Controllings anwenden als Beamte und Vertragsbedienstete. In dieser Gruppe wurde eine Anwendung von 24,2% der Befragten festgestellt.

So wurde herausgefunden, dass ökologische Kennzahlen und Indikatoren am häufigsten angewendet werden. Das erlaubt den Schluss, dass bei diesen Instrumenten eine große Akzeptanz besteht. Der Grund dafür liegt am ehesten darin, dass die Anwendung eines z.B. Systems mit Indikatoren relativ problemlos und zeiteffizient erfolgen kann. Bei weiteren Implementierungen sollte daher darauf geachtet werden, diese beiden Beobachtungsmöglichkeiten einzusetzen.

Eine Gemeinde erwähnte in der Schlussfrage den Einsatz von EMAS, das ist die Kurzbezeichnung für *Eco- Management and Audit Scheme*, auch bekannt als EU-Öko-Audit oder Öko-Audit. EMAS wurde von der Europäischen Union entwickelt und ist ein Gemeinschaftssystem aus Umweltmanagement und Umweltbetriebsprüfung für Organisationen, die ihre Umweltleistung verbessern wollen. Es werden Berichte über Umweltziele erstellt, externe Umweltagenturen führen über die Entwicklung Audits durch. Ein Einsatz von EMAS erfordert aber eine hohe Lern- und Umsetzungsbereitschaft der Organisation, damit auch dementsprechend Personalressourcen. Ob dies flächendeckend in NÖ angewendet werden kann, ist zu bezweifeln.

Weiter wurde gefragt, welche politischen Hierarchieebenen Green Controlling in Niederösterreich vorantreiben. Sie Summer aller Befragten sieht hier die Gemeindeebene als führende TreiberInnen. Die BürgermeisterInnen mit 76,4% und die Umweltgemeinderäte mit 65% sind mit diesem Ergebnis weit voran an erster Stelle. An zweiter Stelle liegen die Funktionen Landesrat (40,7%) und Landeshauptmann (35%). Landtagsabgeordnete werden erst an dritter Stelle mit 13,6% als treibende Hierarchieebene gesehen. Dies bestätigt auch das Ergebnis, wonach Bezirksgremien mit 16,4%, der Landtag mit 33,6% und der Gemeinderat als Gremium mit 37,9% als politische Triebkraft nachhaltiger Maßnahmen angesehen werden.

Neben der Beantwortung der Forschungs- bzw. Subfragen ist aus der Erhebung die Erkenntnis wichtig, dass 52,6% der teilnehmenden PolitikerInnen für eine Implementierung von Green Controlling in ihrer Gemeinde sind. Die MandatarInnen erkennen neben der positiven Wirkung einer Messung von ökologischer Nachhaltigkeit auch die gute Chance der politischen Vermarktung. Weiter ist es wichtig zu erkennen, dass bei einer Implementierung von Green Controlling 73,1% aller Befragten Unterstützung seitens des Landes Niederösterreich erwarten. Hilfe bei der Implementierung wird ebenso von der Energieberatung NÖ (53%) und der Energie- und Umweltagentur NÖ (47,8%) erwartet. Damit werden sowohl die Strukturen des Landes Niederösterreich, als auch die vom Land eingesetzten Umweltorganisationen als gute Partner zur Realisierung einer Implementierung angesehen.

Im Zusammenhang mit den Nichtzielen wurde eingangs in der Arbeit erwähnt, dass Vereine und Organisationen nur insofern berücksichtigt werden, als diese einen relevanten Bezug zu Green Controlling auf der Gemeindeebene haben. Durch das große Vertrauen, dass die Gemeinden gegenüber den Umweltorganisationen und -vereinen im Zuge der Erhebung gezeigt haben, sollte in Zukunft deren Arbeit, Wirkung und Entwicklungsmöglichkeiten auf die Gemeindeebene beleuchtet werden.

Das angestrebte Ziel der Arbeit, die Erforschung der Bedeutung, Anwendung und der TreiberInnen von Green Controlling in den Gemeinden Niederösterreichs wurde aus der Sicht des Autors erreicht. Durch die Erhebung kann die grundsätzliche Situation von messbarer Umweltpolitik in NÖ dargestellt werden. Die Art und Weise, wie Green Controlling angewendet wird, gibt über wichtige Themen und über die praktische Umsetzung Aufschluss. Poltische Hierarchieeben treiben Green Controlling voran. Die jeweiligen Daten dazu sind in der Analyse der Befragung dargestellt.

Die Erhebung war somit auch die richtige Entscheidung, da sie weitreichend Aufschluss zu dem Themengebiet erlaubt. Wie in der Methodik bereits erklärt, wäre die Erhebung anhand von Interviews bei weitem nicht so informativ ausgefallen. Durch die Breite der Befragung, also alle NÖ Gemeinden, ist das Forschungsergebnis als relevant anzusehen.

In der Reflexion kann angemerkt werden, dass der Ablauf der wissenschaftlichen Erhebung problemlos verlaufen ist. Ausschlaggebend dafür waren die beiden Erinnerungen per E-Mail an die Gemeinden, die den Rücklauf fast verdoppelt haben. Das Ergebnis der Befragung ist durchwegs zufriedenstellend. In einer persönlichen Wertung hätte ich mir eine höhere Bekanntheit von Green Controlling gewünscht.

Green Controlling ist ein sehr gutes Instrument dafür, ökologische Nachhaltigkeit zu beobachten und zu messen, aber auch ein Weg, Ressourcen sinnvoll einzusetzen.

6.2 Erkenntnisse der Forschungsarbeit

Für die Zukunft eröffnet sich der Ausblick, mehr in die Form des nachhaltigen Controllings zu investieren. Dies wird flächendeckend in Bezug auf das Bundesland Niederösterreich nur dann funktionieren, wenn nach einer Testphase im kleineren Rahmen Green Controlling auch gesetzlich verankert wird. Das führt automatisch zu einer Implementierung, da Green Controlling dann ein selbstverständlicher Auftrag in der Buchhaltung ist.

Die Ergebnisse der Arbeit können Entscheidern sowohl auf Landes- als auch auf Bundesebene Aufschluss über die kommenden Aufgaben in Bezug auf eine verantwortliche Nachhaltigkeitspolitik geben. Die aus der Erhebung resultierenden Meinungen können auch Anstoß sein, eine österreichweite Befragung durchzuführen.

Ein weiteres Forschungsvorhaben aus dieser Arbeit heraus kann eine weitere Umfrage in der Bevölkerung selbst sein. Hier ist es spannend zu erfahren, auf welchem Stand die BürgerInnen ein Green Controlling für ihren unmittelbaren, aber auch mittelbaren Lebensbereich betrachten.

Literaturverzeichnis

Amt der NÖ Landesregierung (2015): Niederösterreichischer Fahrplan Nachhaltige Beschaffung, [online] http://www.beschaffungsservice.at/uploads/documents/45-Beschaffungsfahrplan102015.pdf [6.7.2016].

Bayer AG (2015): Nachhaltigkeitsbericht 2015, [online] http://www.bayer.de/de/nachhaltigkeit.aspx [15.06.2016].

Berlin, Sebastian, Johannes Georg, Mike Schulze, Alexander Stehle und Karl-Heinz Steinke (2014): *Green Controlling: Leitfaden für die erfolgreiche Interpretation ökologischer Zielsetzungen in Unternehmensplanung und -steuerung*, Freiburg: Haufe Lexware.

BMW Group (2015): Sustainable Value Report 2015, [online] https://www.bmwgroup.com/de/verantwortung/sustainable-value-report.html [14.07.2016].

Colsman, Bernhard (2013): *Nachhaltigkeitscontrolling*, Wiesbaden: Spinger Gabler.

Dyllick, Thomas und Stefan Schaltegger (2002): *Nachhaltig managen mit der Balanced Score Card. Konzept und Fallstudien,* Wiesbaden: Gabler Verlag.

Energie- und Umweltagentur Niederösterreich (2016): Nachhaltig leben, [online] http://www.enu.at/nachhaltig-leben-leicht-gemacht [17.06.2016].

Energie- und Umweltagentur Niederösterreich (2016): Wir leben nachhaltig, [online] http://www.enu.at/ueber-uns-hauptmenue/initiativen/wir-leben-nachhaltig [5.7.2016].

Energie- und Umweltagentur Niederösterreich (2016): Förderratgeber Niederösterreich Juni 2016, [online] http://www.enu.at/images/doku/foerderratgeber_noe_juni2016.pdf [5.7.2016].

Georg, Johannes, Robert Janke, Simone Mack und Jürgen Weber (2012): *Nachhaltigkeit und Controlling*. Weinheim: WILEY-VCH Verlag.

Geschka, Horst und Martina Schwarz-Geschka (2012): *Einführung in die Szenariotechnik*, Darmstadt: Geschka & Partner Unternehmensberatung.

Grunwald, Armin und Jürgen Kopfmüller (2012): *Nachhaltigkeit, 2., aktualisierte Auflage,* Frankfurt: Campus Verlag GmbH.

Haufe-Lexware GmbH & Co. KG (2012): Kennzahlen der Sustainability Balanced Score Card (Auszug), [online] https://www.haufe.de/controlling/Bilderserie-nachhaltigkeit-bei-marc-opolo/kennzahlen-der-sustainability-balanced-scorcard_28_96120_244760.html [13.07.2016].

Hiller, Karin (2010): Nachhaltige Beschaffung. Aktionsplan startet in die Umsetzung, in *journal nachhaltigkeit,* Jg. 3, Heft 4, S. 4.

International Group of Controlling ICG (2010): *Controller-Wörterbuch: Die zentralen Begriffe der Controllerarbeit mit ausführlichen Erläuterungen, Deutsch-Englisch/Englisch-Deutsch*, 4. Aufl., Stuttgart: Schäffer-Poeschel Verlag.

Isensee, Johannes (2011): *Green Controlling – eine (neue) Herausforderung für den Controller? Relevanz und Herausforderung der Integration ökologischer Aspekte in das Controlling aus Sicht der Controllingpraxis,* Gauting/Stuttgart: Internationaler Controlling Verein e.V.

Isensee, Johannes und Uwe Michel (2011): Green Controlling als (neue) Aufgabe für den Controller, in *Controller Magazin,* Jg. 36, Nr. 4, S. 18-20.

Karmasin, Matthias und Rainer Ribing (2006): *Die Gestaltung wissenschaftlicher Arbeiten. Ein Leitfaden für Seminararbeiten, Bachelor-, Master-, Magister- und Diplomarbeiten sowie Dissertationen,* 8. Aufl., Wien: Facultas Verlags- und Buchhandels GmbH.

Kunze, Reinhold, Judith Palatin, Thomas Steiner und Andreas Windsperger (2015): *Niederösterreichischer Fahrplan Nachhaltige Beschaffung (Beilagen „Mindestanforderungen" und pflichtenheft - Energieeffizienz für NÖ Landesgebäude"),* St. Pölten: Amt der Niederösterreichischen Landesregierung.

Klazinga, Niek, Udo Nabitz und Jan Walburg (2000): The EFQM excellence model: European and Dutch experiences with the EFQM approach in health care, in *International Journal for Quality in Health Care,* Jg. 12, Nr. 3, S. 191-201.

Müller, Armin (2011): *Nachhaltigkeits-Controlling,* Berlin: uni-edition.

na Be > Österreichischer Aktionsplan zur nachhaltigen öffentlichen Beschaffung (2010): NABE-AKTIONSPLAN, [online] http://www.nachhaltigebeschaffung.at/ [17.06.2016].

Österreichische Bundesforste AG (2015): Nachhaltigkeitsbericht 2015, [online] http://www.bundesforste.at/uploads/publikationen/NHB2015_gesamt_Screen.pdf [15.06.2016].

Österreichische Nationalbank (2014): Umweltkennzahlen, [online] https://www.oenb.at/Ueber-Uns/Organisation/Nachhaltigkeit/Umweltkennzahlen.html [12.07.2016].

Pufé, Iris (2012): *Nachhaltigkeitsmanagement,* München: Karl Hanser Verlag.

Pufé, Iris (2014): *Nachhaltigkeit,* 2. Aufl., Konstanz/München: UTB.

PUMA SE (2015): Umweltkennzahlen 2015, [online] http://about.puma.com/de/nachhaltigkeit/umwelt/umweltkennzahlen [14.07.2016].

Quality Austria – Trainings-, Zertifizierungs- und Begutachtungs-GmbH (2013): EFQM Excellence Modell 2013, [online] http://www.qualityaustria.com/index.php?id=2741 [13.07.2016].

Simons, Robert (1995): *How Managers Use Innovative Control Systems to Drive Strategic Renewal,* Boston/Massachusetts: Harvard Business School Press.

Umwelt Gemeinde Service NÖ (2016): Best Practice Projekte Gemeindeentwicklung, [online] http://www.umweltgemeinde.at/best-practice-neu/gemeindeentwicklung-best-practice/best-practice-projekte-gemeindeentwicklung [8.7.2016].

Umwelt Gemeinde Service NÖ (2016): Nachhaltiges Beschaffungsservice NÖ für Gemeinden, [online] http://www.umweltgemeinde.at/beschaffungsservice [8.7.2016].

Vollmuth, Hilmar J. (2006): *Controllinginstrumente,* 4. Aufl., Planegg/München: Rudolf Haufe Verlag GmbH & Co KG.

Anhang 1: Begleitmails

A1.1 Erste Aussendung

Sehr geehrte Damen und Herren!

Im Zuge meiner Master These zum Thema „Bedeutung und Implementierung von Green Controlling in NÖ Gemeinden auf Basis ökologischer Nachhaltigkeit" bitte ich Sie, über folgendem Link einer wissenschaftlichen Erhebung zu folgen, die Umfrage erfolgt anonym.

https://de.surveymonkey.com/r/6RQ777Y

Ich bitte Sie vielmals darum, den Fragebogen so rasch wie möglich, spätestens aber bis Mittwoch, 30. November 2016, zu beantworten.

Herzlichen Dank für Ihre Mithilfe und Ihre Mühen, für Fragen stehe ich gerne zur Verfügung.

Mit freundlichen Grüßen

Bernhard Ebner

Student MBA General Management Competences

Matrikelnummer 1464792

A1.2 Erinnerung

Sehr geehrte Damen und Herren!

Ich darf Sie heute an die wissenschaftliche Erhebung zum Thema „Bedeutung und Implementierung von Green Controlling in NÖ Gemeinden auf Basis ökologischer Nachhaltigkeit" erinnern.

Sollten Sie sich noch nicht beteiligt haben, so bitte ich Sie um Ihre Teilnahme und Beantwortung der 3 Seiten unter folgendem Link:

https://de.surveymonkey.com/r/6RQ777Y

Die Beantwortung dauert im Schnitt 5 Minuten, ich bitte um Ihre Mithilfe bis 30. November 2016.

Herzlichen Dank an all jene, die bereits vollständig geantwortet haben.

Mit freundlichen Grüßen

Bernhard Ebner

Student MBA General Management Competences

Matrikelnummer 1464792

A1.3 Letze Erinnerung

Sehr geehrte Damen und Herren!

Erlauben Sie mir, ein letztes Mal um Ihre Hilfe bei meiner wissenschaftlichen Erhebung zu bitten und unter dem folgenden Link bis 30. November 2016 teilzunehmen:

https://de.surveymonkey.com/r/6RQ777Y

Ich bedanke mich bei allen Unterstützerinnen und Unterstützern, die mir mit einer vollständigen Beantwortung in den letzten Wochen sehr weitergeholfen haben.

Herzlichen Dank und eine besinnliche Adventzeit!

Mit freundlichen und dankbaren Grüßen

Bernhard Ebner

Student MBA General Management Competences

Matrikelnummer 1464792

Anhang 2: Fragebogen

1. Demographische Daten

1. Aus welcher Funktion heraus beantworten Sie die folgenden Fragen?
   - ○ Politikerin oder Politiker
   - ○ Beamtin oder Beamter
   - ○ Vertragsbedienstete oder Vertragsbediensteter

2. Wie alt sind Sie?
   - ○ jünger 20 Jahre
   - ○ 20 bis 35 Jahre
   - ○ 36 bis 45 Jahre
   - ○ 46 bis 55 Jahre
   - ○ 56 bis 65 Jahre
   - ○ 66 bis 75 Jahre
   - ○ älter als 75 Jahre

3. Bitte nennen Sie ihr Geschlecht!
   - ○ Weiblich
   - ○ Männlich

4. Wie viele Einwohner hat Ihre Gemeinde?
   - ○ kleiner als 500 EW
   - ○ 500 bis 999 EW
   - ○ 1.000 bis 1.999 EW
   - ○ 2.000 bis 2.999 EW
   - ○ 3.000 bis 4.999 EW
   - ○ 5.000 bis 9.999 EW
   - ○ 10.000 bis 19.999 EW
   - ○ 20.000 bis 29.999 EW
   - ○ 40.000 bis 59.999 EW

5. Welche Fläche umfasst Ihr Gemeindegebiet?

○ kleiner als 5 km²
○ 5 bis 19 km²
○ 20 bis 49 km²
○ 50 bis 79 km²
○ 80 bis 99 km²
○ 100 bis 149 km²
○ 150 bis 199 km²
○ 200 bis 249 km²
○ größer als 250 km²

6. Wie hoch ist der ordentliche Gemeindehaushalt (in EUR)?

○ kleiner 5 Mio
○ 5 bis 9 Mio
○ 10 bis 19 Mio
○ 20 bis 29 Mio
○ 30 bis 39 Mio
○ 40 bis 49 Mio
○ 50 bis 69 Mio
○ 70 bis 99 Mio
○ 100 bis 129 Mio
○ 130 bis 159 Mio
○ 160 bis 189 Mio
○ größer als 190 Mio

7. Wie hoch ist der außerordentliche Gemeindehaushalt (in EUR)?

○ kleiner 5 Mio
○ 5 bis 9 Mio
○ 10 bis 19 Mio
○ 20 bis 29 Mio
○ 30 bis 39 Mio
○ 40 bis 49 Mio
○ 50 bis 69 Mio
○ 70 bis 99 Mio
○ 100 bis 129 Mio
○ 130 bis 159 Mio
○ 160 bis 189 Mio
○ größer als 190 Mio

2. Fragen zu ökologischer Nachhaltigkeit

8. Welche aktuelle Bedeutung hat ökologische Nachhaltigkeit in Ihrer Gemeinde?

○ sehr gering
○ gering
○ mittel
○ hoch
○ sehr hoch

9. Auf welchen Bereich in der Gemeinde hat ökologische Nachhaltigkeit eine direkte Wirkung?
(Mehrere Antwortmöglichkeiten)

☐ Privathaushalte
☐ Umwelt
☐ Gemeindebetriebe
☐ Bauhof
☐ Gemeindeamt
☐ Unternehmen

10. Welche zukünftige Bedeutung hat ökologische Nachhaltigkeit in Ihrer Gemeinde?

○ wird weniger Bedeutung haben
○ die Bedeutung bleibt gleich
○ wird mehr Bedeutung haben

11. Welche Begriffe sind in Bezug auf ökologische Nachhaltigkeit besonders wichtig?
(Mehrere Antwortmöglichkeiten)

☐ Ökologische Beschaffung
☐ Energieeinsparung
☐ Reduzierung der CO_2-Emmision
☐ Verwendung erneuerbarer Energien
☐ Abfallvermeidung
☐ Optimierung des Abfallwirtschaftssystemes
☐ Einsatz ökologischer Produkte
☐ Reduzierung des Wasserverbrauches

12. Möchte die Gemeinde in Zukunft mehr in ökologische Nachhaltigkeit investieren?

○ Ja
○ Nein

13. Mit welchen Partnern arbeitet die Gemeinde in Bezug auf ökologische Nachhaltigkeit zusammen?
(Mehrere Antwortmöglichkeiten)

- [ ] e5-Programm
- [ ] Klimabündnis
- [ ] Energie- und Umweltagentur
- [ ] Energieberatung NÖ
- [ ] Energiebewegung NÖ
- [ ] Nachhaltiges Beschaffungsservice für Gemeinden
- [ ] Naturland Niederösterreich
- [ ] RADLAND Niederösterreich
- [ ] Umwelt-Gemeinde-Service
- [ ] Wir leben nachhaltig
- [ ] Die Umweltberatung

14. Welche Person ist in der Gemeinde für ökologische Nachhaltigkeit verantwortlich?
(Mehrere Antwortmöglichkeiten)

- [ ] Bürgermeister/in
- [ ] geschäftsführender Gemeinderat/rätin bzw. Stadtrat/rätin
- [ ] Umweltgemeinderat/rätin
- [ ] Arbeitskreisleitende/r Klimabündnis
- [ ] Arbeitskreisleitende/r e5-Programm
- [ ] Sprecher/in Bürgerinitiative

15. Welche Gremien entscheiden über die Umsetzung der Themen zur ökologischen Nachhaltigkeit?
(Mehrere Antwortmöglichkeiten)

- [ ] Gemeinderat
- [ ] Gemeindevorstand bzw. Stadtrat
- [ ] Gemeindereferat/-ausschuss
- [ ] Arbeitskreis
- [ ] Bürgerinitiative

16. Welche Personen beeinflussen die Umsetzung im Bereich ökologischer Nachhaltigkeit? (Mehrere Antwortmöglichkeiten)

- [ ] Landeshauptmann
- [ ] Landesrat/rätin
- [ ] NÖ Landtag
- [ ] Landtagsabgeordnete/r
- [ ] Bezirksgremien, z.B. regionale Initiativen bzw. Organisationen
- [ ] Bürgermeister/in
- [ ] geschäftsführender Gemeinderat/rätin
- [ ] Gemeindevorstand bzw. Stadtrat
- [ ] Gemeinderat als Gremium
- [ ] Gemeinderat/rätin als Person
- [ ] Umweltgemeinderat/rätin
- [ ] Gemeindereferat/-ausschuss
- [ ] Arbeitskreis
- [ ] Bürgerinitiative
- [ ] Einzelperson aus der Bevölkerung

17. Wie wichtig ist das Thema ökologische Nachhaltigkeit in der Bevölkerung?

- ( ) sehr wichtig
- ( ) wichtig
- ( ) neutral
- ( ) weniger wichtig
- ( ) nicht wichtig

3. Fragen zu Green Controlling

18. Green Controlling ist eine Form des Controllings, das ökologische Nachhaltigkeit in einer Organisation beobachtet. Wird z.B. ein Fuhrpark von Diesel- auf Elektrofahrzeuge umgestellt, werden neben der ökonomischen auch die ökologischen Auswirkungen gemessen. Ist Ihnen der Begriff "Green Controlling" bekannt?

- ( ) Ja
- ( ) Nein

19. Werden in Ihrer Gemeinde Maßnahmen zur ökologischen Nachhaltigkeit anhand eines Green Controllings beobachtet?

- ( ) Ja
- ( ) Nein

19. Werden in Ihrer Gemeinde Maßnahmen zur ökologischen Nachhaltigkeit anhand eines Green Controllings beobachtet?

○ Ja
○ Nein

20. Kennen Sie die vier Strategietypen des Green Controlling?
(Mehrere Antwortmöglichkeiten)

☐ Schlussgruppe, d.h. Erfüllung der gesetzlichen Mindestkriterien
☐ Mittelfeld, d.h. Nachhaltigkeit wird bereits thematisiert
☐ Spitzengruppe, d.h. es besteht eine nachhaltige Strategie
☐ Vorreiter, d.h. alle Abläufe in der Gemeinde sind komplett nachhaltig ausgerichtet
☐ Keinen der angegeben Strategietypen

21. In welchen Strategietyp des Green Controlling reihen Sie sich ein?

○ Schlussgruppe, d.h. Erfüllung der gesetzlichen Mindestkriterien
○ Mittelfeld, d.h. Nachhaltigkeit wird bereits thematisiert
○ Spitzengruppe, d.h. es besteht bereits eine nachhaltige Strategie
○ Vorreiter, d.h. alle Abläufe in der Gemeinde sind komplett nachhaltig ausgerichtet
○ in keinen der angegebenen Strategietypen

22. Welche Instrumente des Green Controllings sind Ihnen bekannt?
(Mehrere Antwortmöglichkeiten)

☐ Sustainability Balanced Score Card
☐ EFQM (European Foundation for Quality Management) Sustainability Excellence
☐ Sustainability Value Report
☐ Ökologische Kennzahlen
☐ Ökologische Indikatoren
☐ Szenarioanalyse
☐ ABC-Analyse
☐ Keine der angegebenen Instrumente

23. Welche Instrumente des Green Controllings wenden Sie an?
(Mehrere Antwortmöglichkeiten)

☐ Sustainability Balanced Score Card
☐ EFQM (European Foundation for Quality Management) Sustainability Excellence
☐ Sustainability Value Report
☐ Ökologische Kennzahlen
☐ Ökologische Indikatoren
☐ Szenarioanalyse
☐ ABC-Analyse
☐ Keine der angegebenen Instrumente

24. Sind Sie für eine Implementierung eines Green Controlling zur Messung Ihrer ökologisch nachhaltigen Maßnahmen in der Gemeinde?

○ Ja

○ Nein

25. Welche Herausforderungen sehen Sie bei der Implementierung eines Green Controlling in Ihrer Gemeinde?
(Mehrere Antwortmöglichkeiten)

☐ Bereitschaft der handelnden Personen in der Buchhaltung

☐ Implementierung in die Gemeindebuchhaltung

☐ Akzeptanz der Politik

☐ Akzeptanz der Bevölkerung

☐ zu wenig Personal

☐ Personal ist in diesem Bereich nicht ausgebildet

☐ zu hoher Zeitaufwand

☐ keine Herausforderung

26. Von welcher Organisation erwarten Sie Unterstützung bei der Implementierung eines Green Controllings?
(Mehrere Antwortmöglichkeiten)

☐ Land Niederösterreich

☐ e5-Programm

☐ Klimabündnis

☐ Energie- und Umweltagentur

☐ Energieberatung NÖ

☐ Energiebewegung NÖ

☐ Umwelt-Gemeinde-Service

☐ Wir leben nachhaltig

☐ Die Umweltberatung

☐ Neue Organisation für den Bereich Green Controlling

27. Möchten Sie sonst noch etwas zum angeführten Themenbereich schreiben?

Herstellung und Verlag:
BoD - Books on Demand, Norderstedt
ISBN 978-3-7431-8209-7